폴란드어 표준 교재 A2

폴란드어 표준 교재 A2

초판 인쇄 2020년 11월 20일
초판 발행 2020년 11월 27일

지은이 최성은(Estera Czoj),
Wioletta Hajduk-Gawron, Maria Michalunio
발행인 윤성우 Director, University Knowledge Press
편집장 신선호 Executive Knowledge Contents Creator
도서편집 이근영 Contents Creator
장혜정 Contents Creator
디자인 한 지 Designer
우승민 Designer
재무관리 조아라 Managing Creator
정윤경 Managing Creator
사전·홍보물 장지혜 Contents Creator
발행처 한국외국어대학교 지식출판콘텐츠원
02450 서울특별시 동대문구 이문로 107
전화 02)2173-2493~7
FAX 02)2173-3363
홈페이지 http://press.hufs.ac.kr
전자우편 press@hufs.ac.kr
출판등록 제6-6호(1969. 4. 30)
인쇄·제본 (주)트윈벨미디어 02)2088-1810

ISBN 979-11-5901-822-0 [14790] 정가: 28,000원
979-11-5901-653-0 (세트)

* 잘못된 책은 교환하여 드립니다.

HU:iNE 은 한국외국어대학교출판부의 어학도서, 사회과학도서, 지역학 도서 Sub Brand이다. 한국외대의 영문명인 HUFS, 현명한 국제전문가 양성(International+Intelligent)의 의미를 담고 있으며, 휴인(携引)의 뜻인 '이끌다, 끌고 나가다'라는 의미처럼 출판계를 이끄는 리더로서, 혁신의 이미지를 담고 있다.

본 교재는 2019년 정부(교육부 국립국제교육원) '특수외국어교육 진흥 사업'의 지원을 받아 수행된 결과입니다. (CFL-한국외-2019-폴란드-C-1)

이 책의 음원(mp3)은 한국외국어대학교 지식출판콘텐츠원 홈페이지(press.hufs.ac.kr) 게시판-자료실에서 다운받아 사용하시기 바랍니다.

Podręcznik Standardowy

Polski

폴란드어 표준 교재

최성은 (Estera Czoj) • Wioletta Hajduk-Gawron • Maria Michalunio

A2

Tak

Dzień

dobry

Cześć

HU:iNE

머리말

『폴란드어 표준 교재 A2』(Język Polski A2)는 2016년에 제정된 특수외국어 교육진흥에 관한 법률에 의거, 2018년도부터 시작된 특수외국어교육진흥사업의 일환으로 대한민국 교육부의 지원을 받아 개발되었다.

Podręcznik „폴란드어 표준 교재 A2 (JĘZYK POLSKI A2)" powstał dzięki wsparciu ze strony Ministerstwa Edukacji Republiki Korei jako część projektu realizowanego od 2018 roku przez Hankuk University of Foreign Studies w ramach postanowień koreańskiej Ustawy w sprawie wspierania edukacji rzadkich języków obcych z 2016 roku.

이 책은 이미 폴란드어 초급 단계의 어휘 및 문법을 익히고, 언어 구사 능력을 더욱 향상시키길 원하는 한국인 학습자들을 대상으로 한다. A2 레벨에 해당하는 문법과 어휘 자료를 제공하며, 교강사의 지도를 받으며 학습하는 학생들은 물론, 혼자서 공부하는 사람들도 활용할 수 있도록 고안되었다. 개별 과제의 지시문과 대화문에서 선별한 A2 레벨 이상의 표현 및 단어에는 한국어 뜻풀이를 제시하였고, 폴란드에 대해 알아보는 파트에서도 한국어와 함께 폴란드 지문도 수록하였다.

Książka adresowana jest do koreańskich odbiorców, którzy opanowali słownictwo oraz gramatykę polską w stopniu podstawowym i chcą doskonalić swoje umiejętności językowe. Podręcznik realizuje materiał gramatyczny i leksykalny przewidziany na poziom A2. Z książki mogą korzystać zarówno studenci pod opieką nauczyciela podczas zajęć lektoratowych, jak i osoby uczące się samodzielnie. Polecenia do poszczególnych zadań, wybrane frazy z dialogów oraz słowa spoza poziomu A2 zostały przetłumaczone na język koreański. Część poświęcona wiedzy o Polsce również występuje w dwóch wersjach językowych.

본 교재는 A1의 속편으로 주요 인물들과 단원의 구성이 A1 교재와 동일하다. 본문에 등장하는 주인공들은 다음과 같다: 한국에서 대학을 다니는 폴란드 학생 마르타 코발릭(Marta Kowalik), 한국 학생 박하람(Haram Park), 그리고 폴란드에서 일하는 윤미라 사원과 기술자인 야첵 노박(Jacek Nowak). 등장인물들 간의 대화를 바탕으로 다양한 어휘 및 문형을 제시하였고, 집의 임대, 장보기, 표 구매와 같은 일상생활에서 겪을 수 있는 여러 상황을 담았다.

Podręcznik jest kontynuacją projektu, a zatem zachowano głównych bohaterów oraz układ lekcji z pierwszej części, tj. z podręcznika dla poziomu A1. Bohaterami podręcznika są: polska studentka Marta Kowalik i koreański student Haram Park, którzy studiują w Republice Korei oraz koreańska menedżerka Mira Yun i polski inżynier Jacek Nowak, którzy pracują w Polsce. Dialogi pomiędzy bohaterami są podstawą do wprowadzania słownictwa oraz struktur gramatycznych oraz odzwierciedlają typowe sytuacje z życia codziennego, np. podczas wynajmowania mieszkania, robienia zakupów lub kupowania biletu.

각 단원의 구성은 유사하다. 서두에 해당 단원의 주제와 연관된 사진을 수록하고, 하단에는 보통 사진과 연관된 질문들을 제시하여 학습자들이 시각 자료를 토대로 스스로 묻고 답할 수 있도록 유도하였다.

Struktura każdej jednostki lekcyjnej jest zbliżona. Jako pierwsze

머리말

pojawiają się zdjęcia, które są wprowadzeniem do głównego tematu lekcji, gdyż pytania zamieszczone pod fotografiami zwykle do nich nawiązują, skłaniając tym samym do budowania samodzielnych wypowiedzi na podstawie materiału wizualnego.

단원마다 대화문(공식적인 상황과 비공식적인 상황)이 있고, 새로운 어휘와 문형(일상 대화에 사용되는 어휘와 문법의 실제 용례)을 포함하고 있다. 대화문은 새로운 단어 및 표현을 배우고, 문법적 규칙을 습득할 수 있도록 구성하였다. 특히 학습자의 이해를 돕기 위해 대화문 뒤에 문법표를 수록하였다. 또한 대화문에 등장하는 일부 표현과 구문, 새로운 어휘는 한국어로 뜻풀이를 수록하였다.

Stałym elementem każdej lekcji jest dialog (w wersji oficjalnej lub nieoficjalnej), który zawiera nowe słownictwo i struktury gramatyczne - rzeczywiste użycie leksyki i form gramatycznych w codziennej rozmowie. Dialogi budowane są tak, aby zasygnalizować nowe słownictwo oraz pozwalają odkryć regułę gramatyczną, która następnie jest zilustrowana w tabeli gramatycznej. Niektóre zwroty i wyrażenia lub nowe słownictwo z dialogu są tłumaczone na język koreański.

모든 단원에는 듣기, 말하기, 읽기, 쓰기 능력을 향상시킬 수 있는 연습문제가 있다. 단원마다 문법적 쟁점이 제시되어 있고, 도입 및 확인용 연습문제가 게재되어 있다. 문법표는 활용 빈도가 높은 표현들 위주로 등 간략하게 정리하였다.

Ćwiczenia we wszystkich jednostkach rozwijają sprawność: słuchania, mówienia, czytania i pisania. W każdej jednostce wprowadzane jest zagadnienie gramatyczne, do którego dołączono ćwiczenia wdrażające i sprawdzające. W tabelach gramatycznych pojawiają się zapisy uproszczone, np. ograniczono liczbę alternacji do tych, które charakteryzują się najwyższym stopniem występowania.

메신저로 폴란드 친구에게 답변 쓰기, 좋아하는 음식의 조리법 알려주기, 폴란드 인터넷 사이트에서 필수적인 정보를 찾아내어 여행 계획하기, 온라인 장보기 혹은 폴란드어 담당 선생님에게 이메일 쓰기 등의 다양한 활동 과제를 통해 언어의 4개 영역을 종합적으로 향상시키면서 자기 주도적으로 문제를 해결하고, 개별적인 사안과 목적에 부합하는 의사소통 훈련을 하는 데 주안점을 두었다.

Zadania rozwijające poszczególne sprawności nastawione są na działanie w celu rozwiązania pewnego problemu, zrealizowania dążenia: odpisanie na komunikatorze koledze z Polski, podanie przepisu na ulubione danie, odnalezienie na polskiej stronie internetowej koniecznych informacji do zaplanowania wycieczki, zrobienie zakupów on-line lub napisanie e-maila do prowadzącego zajęcia z języka polskiego.

책에서 다루는 텍스트들은 읽기, 쓰기 능력 향상에 기반을 둔 것으로 일상생활(여행, 축일, 스포츠, 관심사)에 관련된 글의 원본 혹은 수정본이다. A2 수준에서 내용을 이해하는 데 지장을 줄 수 있는 어휘들은 한국어 뜻풀이를 제시하여 이해를 높이고자 했다.

Teksty przeznaczone do rozwijania sprawności mówienia, czytania i pisania, są oryginalne lub modyfikowane na podstawie

머리말

tekstów oryginalnych dotyczących życia codziennego (podróże, święta, sport, zainteresowania). Słownictwo, które może utrudniać zrozumienie tekstu, zawsze jest tłumaczone na język koreański.

각 단원의 뒷부분에는 A1 교재와 마찬가지로 해당 단원을 마무리하는 테스트를 수록하였는데, 이는 폴란드어 A2 평가인증시험(CFLPT)에 대비할 수 있도록 함이다.

Pod koniec każdej jednostki lekcyjnej, podobnie jak w części pierwszej, wprowadzona została część testowa, podsumowująca daną jednostkę. Jej celem jest przygotowanie uczących się do koreańskiego testu z języka polskiego jako obcego na poziomie A2.

각 단원의 마지막에는 폴란드에서의 실생활, 폴란드인들의 전형적인 행동 방식(상대방과 말을 트는 방법, 5월의 폴란드 기념일, 폴란드식 집들이, 고등학교 졸업시험) 등에 대해 소개하고 있다.

교재에 수록된 콘텐츠는 다음과 같다:

- 폴란드어와 한국어로 된 기본 문법 용어 목록
- 15개 단원 (마지막 단원은 복습 및 정리)
- 문법표
- 교재의 녹음 지문
- 연습문제 및 테스트의 정답

Ostatnia część każdej lekcji opisuje w języku polskim i koreańskim realia życia w Polsce oraz typowe zachowania Polaków (sposoby przechodzenia na ty, polskie święta w maju, parapetówka, matura).

Podręcznik zawiera:

- listę podstawowych określeń gramatycznych w języku polskim i koreańskim.
- 15 jednostek, lekcja ostatnia ma formę powtórzenia,
- zbiór tabel gramatycznych,
- transkrypcje nagrań wykorzystanych w książce,
- klucz z odpowiedziami do wybranych ćwiczeń.

감수를 맡아 주신 김용덕 교수와 요안나 프시클랭크(Joanna Przyklenk) 교수님의 꼼꼼한 검토와 제언에 감사드린다. 늘 곁에서 응원과 격려를 해주는 가족, 친구들, 지인들께도 고맙다는 말을 꼭 전하고 싶다.

Słowa podziękowania kierujemy do Recenzentów: Pana Profesora Yongdeoga Kima z Departamentu Studiów Polskich HUFS i Pani Doktor Joanny Przyklenk z Instytutu Językoznawstwa Uniwersytetu Śląskiego w Katowicach za przychylne recenzje oraz cenne uwagi. Dziękujemy również naszym Bliskim za wsparcie i wyrozumiałość.

이 책으로 공부하는 모든 학습자들이 폴란드어를 배우고 폴란드 문화를 알아 가면서 희열과 성취감을 느낄 수 있게 되기를 희망해 본다. 성공을 기원하며!

Wszystkim osobom, które będą korzystały z tego podręcznika, życzymy wiele radości oraz satysfakcji z nauki języka polskiego i poznawania polskiej kultury. Powodzenia!

최성은(Estera Czoj), Wioletta Hajduk-Gawron, Maria Michalunio

일러두기

『폴란드어 표준 교재 A2』는 대학에서 폴란드어를 전공하는 학생 또는 스스로 폴란드어를 학습하는 일반인 학습자의 초·중급 폴란드어 의사소통 능력 신장을 위한 교재로 개발되었습니다.

집필 방향

- 본 교재는 유럽언어공통기준(CEFR)의 등급별 체계를 참조하여 한국인 학습자를 대상으로 설계된 폴란드어 표준교육과정의 기준에 따라 A2 단계의 수준으로 개발되었으며, 향후 B1, B2까지 단계별로 교재가 출간될 예정입니다.
- 본 교재는 일상적인 상황에서의 소통을 위한 내용으로 구성되어 있습니다. 따라서 각 단원의 핵심은 대화문입니다. 대화문 A는 비공식적인 상황을, 대화문 B는 공식적인 상황을 제시하고 있습니다. 이 2개의 대화문을 기본으로 하여 어휘와 문법을 함께 익힐 수 있습니다. 또한 다양한 연습문제를 통해 말하기, 듣기, 읽기, 쓰기 능력을 고루 향상할 수 있도록 구성하였습니다.
- 각 단원의 끝에는 폴란드의 문화에 대해 알아볼 수 있는 짤막한 이야기를 한국어와 폴란드로 함께 수록하여 언어뿐 아니라 폴란드의 사회와 문화에 대한 이해도를 높일 수 있도록 하였습니다.

교재 구성

- 본 교재는 총 15개의 단원으로 구성되어 있습니다. 각 단원의 학습은 5시간가량의 수업 내용으로 구성하였습니다. 수업 시간은 학습 현장 상황에 따라 조절할 수 있으며 학습자의 학습 진도에 따라서도 유연하게 적용할 수 있습니다.

- 각 단원은 크게 이론 부분과 연습 부분으로 이루어집니다. 이론 부분은 제시된 대화문과 관련된 어휘와 문법 설명, 문형 표현 등이 포함됩니다. 연습 부분은 듣기, 읽기, 쓰기, 말하기의 네 영역을 향상시킬 수 있는 다양한 훈련 자료와 함께 A2 등급의 표준평가시험(CFLPT)에 대비할 수 있는 실전 단원평가가 포함되어 있습니다.

- 본 교재의 주된 목적은 의사소통 능력을 배양하는 것이므로 문법적 설명은 가급적 자제하고, 대신 문형 연습을 통해 학습자가 자연스럽게 문법적인 요소들을 체득하고, 말하기에 적용시킬 수 있도록 유도하였습니다. 듣기 능력 함양을 위해 음성파일도 준비하였습니다.

- A1 교재와 달리 A2 교재부터는 학습자의 자기 주도적 문제해결 능력 및 의사소통 능력 향상을 위해 일상생활과 밀접하게 연관된 다양한 활동 과제를 제시하였습니다.

- 각 단원의 첫 페이지는 폴란드의 사진과 도입 질문으로 학습자의 흥미를 유발하고, 주어진 단원에서 다루게 될 내용과 쟁점을 파악할 수 있도록 했습니다. 이어 대화 지문을 제시한 뒤, 이와 관련한 어휘 및 문법 설명이 이어집니다. 대화 내용은 해당 과의 주제에 부합하는 폴란드어 지문으로 이루어져 있습니다.

- 교재의 첫 부분에는 본문에서 사용된 다양한 아이콘에 대한 설명을 실었고, 문법 용어 목록도 폴란드어와 한국어로 제시하였습니다. 교재의 뒷부분에는 문법표, 듣기 문항 녹음 지문, 연습문제와 단원평가의 해답을 부록으로 수록하여 학습자들이 스스로 평가 결과를 확인하고, 필요한 정보를 쉽고 빠르게 검색할 수 있도록 하였습니다.

- 모든 단원의 마지막에는 폴란드의 사회 및 문화와 관련된 흥미로운 정보를 소개하는 "알고 있나요(Czy wiesz, że...)" 파트가 수록되어 있습니다. 일차적으로는 폴란드의 다양한 사회·문화적 정보를 한국어 학습자에게 전달하는 것이 목적이지만, 폴란드어 텍스트도 함께 제시함으로써 학습자 스스로 폴란드어 텍스트를 독해하는 읽기 자료로 활용할 수 있도록 도모하였습니다.

차례

머리말 4

일러두기 10

교재구성표 14

아이콘 설명 18

폴란드어 문법용어 19

01 **Kim jesteśmy?** 20
우리는 누구인가요?

02 **Jacy oni są?** 34
이 사람들은 어떤가요?

03 **Modnie czy wygodnie?** 52
유행이냐 편안함이냐?

04 **Które mieszkanie wybrać?** 72
어떤 집을 선택할까요?

05 **Kiedy to było?** 90
그게 언제였죠?

06 **Urodziłem się w 1999 roku.** 104
1999년에 태어났어요.

07 **A co, jeśli będzie padał deszcz?** 122
비가 오면 어떡하죠?

08 **Gdyby pociąg się nie spóźnił...** 138
만약 기차가 늦는다면...

09 **W Polsce na pewno warto...** 156
폴란드에서 꼭 해볼 만한...

10 **Najłatwiejsze danie na świecie** 174
세상에서 가장 쉬운 요리

11 **Ile to kosztuje?** 190
얼마입니까?

12 **Wszystkiego najlepszego!** 210
당신에게 좋은 일만 있기를

13 **Wybieram wieś!** 224
시골에 놀러가요!

14 **Wszystko będzie dobrze!** 238
모든 게 잘될 거야!

15 **To już umiesz – sprawdź się!** 252
이제 할 수 있이요 – 성취도 점검!

부록 문법표 268

연습문제 정답 277

교재구성표

단원	단원 제목	학습목표
	아이콘 설명	
	문법 용어	
1	Kim jesteśmy? 우리는 누구인가요?	• 자신과 타인의 인적사항을 소개하고 묘사할 수 있다. • 관심사 및 여가시간 활용법에 대해 이야기할 수 있다.
2	Jacy oni są? 이 사람들은 어떤가요?	• 비교급을 사용하여 인물의 성향을 묘사할 수 있다. • 사안에 대해 찬성과 반대의 의견을 표명할 수 있다.
3	Modnie czy wygodnie? 유행이냐 편안함이냐?	• 의복과 관련된 다양한 표현을 익힌다. • 직업명(-a로 끝나는 남성명사)과 관련 업무에 대한 표현을 배운다. • 한국과 폴란드의 복식문화를 비교할 수 있다.
4	Które mieszkanie wybrać? 어떤 집을 선택할까요?	• 주거 건물의 유형, 공간의 명칭, 아파트 내 구조 및 설비에 대해 말할 수 있다. • 주택 및 아파트 임대와 관련된 표현을 익힌다.
5	Kiedy to było? 그게 언제였죠?	• 날짜나 일정에 대해 말할 수 있다. • 공적인 사안에 관해 메일을 작성할 수 있다.
6	Urodziłem się w 1999 roku. 1999년에 태어났어요.	• 과거의 사건을 이야기하며 연도를 말할 수 있다. • 과거와 연관된 시간적 양상을 표현할 수 있다.
7	A co, jeśli będzie padał deszcz? 비가 오면 어떡하죠?	• 여가시간 활용계획을 세울 수 있다. • 여행계획을 세우고, 여행상품을 검토할 수 있다. • 영화에 대해 의견을 표명할 수 있다.
8	Gdyby pociąg się nie spóźnił... 만약 기차가 늦는다면...	• 티켓을 구매하며 날짜와 시간 등을 제시할 수 있다. • 교통수단 및 수화물 종류에 대해 말할 수 있다. • 가정법을 사용하여 추론과 가설, 소망 등을 표현할 수 있다.

의사소통 기능	문법 요소	사회 · 문화 요소
사회적 관계에 따른 적절한 호칭 익히기	명사 *przyjaciel*의 격변화 (단수와 복수)	나이와 관련된 질문을 할 때 주의하기
비교급 표현 익히기 찬성과 반대의 의사 표명과 관련된 표현 익히기	1. 인칭대명사, 소유대명사, 형용사의 비교급, 2. 국적이나 국가명에서 비롯된 형용사 익히기 3. 명사 *człowiek*의 격변화 (단수와 복수)	공적 상황에서 사용하는 존칭어법
비교급 부사를 사용하여 좋아하는 취향 및 선호도를 표현할 수 있다.	1. -a로 끝나는 남성명사의 변화형 2. 형용사의 부사형 3. 비교급 부사형	폴란드에서의 복식 문화
공간적 양상에 대한 다양한 표현을 익힌다.	1. 서수의 형용사 변화형 2. 전치사 활용 *na, w, przy, obok, koło, za, przed, między, nad, pod,* *na środku/w rogu* (복습) 3. 상태동사, 그리고 전치사 *na* 와 결합된 동작동사 (복습) 4. 대명사 *który* 의 활용례	폴란드의 집들이
날짜와 관련된 수사 익히기 공식적인 요청과 관련된 표현 익히기	과거 시제에서 완료형 동사의 활용	폴란드에서 5월의 기념일
과거 시제로 취미나 선호도에 대해 묻고 답하기	1. 전치사 do 를 사용한 소유격 단수와 복수형 및 복수형 활용 연습 (*spinacz do papieru, wycieraczki do szyb*) 2. 과거시제에서 완료형과 비완료형을 구분하여 사용하기	폴란드의 수능 - 마투라 (고등학교 졸업시험)
여행이나 취미활동과 관련하여 필요한 정보에 대해 묻고 대답할 수 있다. 조건절 구문: *jeżeli..., to...*을 활용해서 구문을 만들 수 있다.	1. 미래시제에서 단문과 복문, 완료형 동사와 미완료형 동사 사용법 2. 이동동사 활용연습 : iść, chodzić, pójść, jechać, jeździć, pojechać (복습)	안제이 바이다 감독과 폴란드 영화
시간을 말할 때 기수와 서수를 정확히 사용하여 말할 수 있다. (복습) 교통수단과 관련하여 필요한 정보에 대해 묻고 대답할 수 있다	1. 이동동사 활용연습: jeździć, podróżować, latać, pływać (복습) 2. gdyby 구문 연습 : 가정법	폴란드의 대중교통 수단

교재구성표

단원	단원 제목	학습목표
9	W Polsce na pewno warto... 폴란드에서 꼭 해볼 만한...	• 길을 묻고 설명할 수 있다. • 폴란드에서 가장 중요한 지역 및 명소에 대해 설명할 수 있다. • 축제에 대한 정보를 공유할 수 있다. • 폴란드 지도를 보고 주요 도시의 위치를 파악한다.
10	Najłatwiejsze danie na świecie 세상에서 가장 쉬운 요리	• 음식에 대해 묘사하고, 조리법을 설명할 수 있다. • 수량 및 계량(무게나 용량 등) 표현(계량용기 + 소유격)을 익힌다.
11	Ile to kosztuje? 얼마입니까?	• 구매 목록을 작성하고 물건을 살 수 있다. • 선물과 관련된 폴란드와 한국의 관습에 대해 토론한다. • 특정 대상을 위한 이상적인 선물에 대해 충고할 수 있다. • 할인 상품 구매에 관련된 정보를 얻을 수 있다.
12	Wszystkiego najlepszego! 당신에게 좋은 일만 있기를!	• 다양한 종교 축일, 새해, 생일, 결혼, 졸업 때 하는 축하인사를 배운다. • 가족의 기념일, 국경일 및 종교 축일을 맞아서 필요한 구문과 표현을 익힌다. • 우체국에서 편지 및 소포를 발송하고, 우편 양식을 작성한다.
13	Wybieram wieś! 시골에 놀러가요!	• 자연환경, 동식물, 풍경에 대한 어휘를 익힌다. • 도시 및 시골의 풍경에 대해 묘사한다. • 특정 지역 및 주변환경에 대해 설명할 수 있다.
14	Wszystko będzie dobrze! 모든 게 잘될 거야!	• 사고가 발생했을 때 구조 요청을 하고,능동적으로 문제를 해결할 수 있다. • 자신의 몸 상태를 설명할 수 있다. • 호텔 등 숙소를 예약할 수 있다.
15	To już umiesz – sprawdź się! 이제 할 수 있어요 – 성취도 점검!	• 교재 내용을 총정리하고 복습한다.
	문법표 연습문제 정답	

의사소통 기능	문법 요소	사회 · 문화 요소
1. 권고 및 추천의 표현 익히기 2. 공간적 양상 묘사하기	1. 장소격 단수형 및 복수 2. 장소나 위치를 나타내는 표현들: *leży w/u stóp, znajduje się, położony jest* 3. 무인칭 구문 *trzeba, warto, można* 4. 상태동사(być) 및 동작동사(iść, jechać, wracać)와 전치사 (*do, na, w, z, od, u, nad, znad z*)가 결합된 구문 (*być nad morzem, jechać do lasu*)	폴란드의 16개주와 주요도시
1. 음식과 관련된 다양한 표현 익히기 2. 추천, 권고, 명령하기	1. 명령형 동사를 사용하여 명령문을 자유롭게 구사할 수 있다. 2. 접속어구 *żeby*가 등장하는 문장의 주절과 종속절 형태를 익힌다.	폴란드의 저장식품과 밀크바(분식점)
가격에 대해 묻고 필요한 정보를 취득할 수 있다. 물건을 구매하며 선호도를 표현할 수 있다.	여격 활용연습 : 여격지배동사 + 형용사 + 사람명사/인칭대명사	폴란드의 키오스크(가판대 매점), 편의점, 일요일 쇼핑 문화
1. 상대에게 축하인사와 축복의 기원을 전할 수 있다. 2. 우체국에서 필요한 업무를 처리할 수 있다.	1. 구문연습: *życzyć*(기원하다) + 여격 (~에게) + 소유격(~을) 2. 구문연습: *składać życzenia z okazji* + 소유격	폴란드인들의 축하인사와 복을 기원하는 미신
선택에 대한 논거 펼치기 확신/비확신의 의사를 표시하기	1. 접속사(*ponieważ, bo, dlatego że, kiedy, gdy*)를 사용해서 문장 만들기 2. 형용사 및 부사의 비교급 (복습 및 심화학습)	폴란드의 시골마을과 관광형 농업
1. 위기 상황에서 구체적으로 상황을 설명하고 구조요청을 할 수 있다. 2. 가능성/불가능성에 대한 의사를 표시할 수 있다.	1. 과거시제에서 완료형 동사와 미완료형 동사 사용(복습) 2. 동사 *powinien* 활용 (복습) 3. 접속사 *najpierw..., potem..., następnie...* 활용	폴란드의 긴급전화 번호 112와 공공장소에서의 안전에 대하여

아이콘 설명

Ikonka (아이콘)	znaczenie po polsku (폴란드어)	znaczenie po koreańsku (한국어)
	dyskusja	토론
	słownictwo	단어
	gramatyka	문법
	mówienie	말하기
	czytanie	읽기
	pisanie	쓰기
	słuchanie	듣기
	test	시험
	ciekawe informacje	흥미로운 정보
	rodzaj męski	남성
	rodzaj żeński	여성
	rodzaj nijaki	중성
	żywotne	생물
	nieżywotne	무생물

폴란드어 문법용어

terminy polskie (폴란드 용어)	terminy koreańskie (한국 용어)
gramatyka	문법
wymowa	발음
samogłoska	모음
spółgłoska	자음
liczba pojedyncza (l. poj.)	단수
liczba mnoga (l. mn.)	복수
rodzaj męski (r. m.)	남성
rodzaj żeński (r. ż.)	여성
rodzaj nijaki (r. n.)	중성
rzeczownik	명사
(nie)żywotny	(무)생물(명사)
(nie)męskoosobowy	(비)남자(명사)
przymiotnik	형용사
zaimek	대명사
zaimek osobowy	인칭대명사
zaimek dzierżawczy	소유대명사
zaimek względny	관계대명사
liczebnik	수사
liczebnik porządkowy	서수
deklinacja; przypadek	격변화
mianownik (M)	주격
dopełniacz (D)	소유격
celownik (C)	여격
biernik (B)	목적격
narzędnik (N)	기구격
miejscownik (Ms)	장소격
wołacz (W)	호격
czasownik	동사
bezokolicznik	동사의 원형
koniugacja	동사의 활용형
czas przeszły	과거 시제
czas teraźniejszy	현재 시제
czas przyszły	미래 시제
aspekt (nie)dokonany	(미)완료형 상
tryb warunkowy	조건법
tryb przypuszczający	가정법
tryb rozkazujący	명령법
przysłówek	부사
przyimek	전치사
Neutralnie	보편적인 (표현)
(nie)oficjalnie (Of./ NOf.)	(비)공식적인 (표현)

LEKCJA

1 Kim jesteśmy?

우리는 누구인가요?

학습목표

- 자신과 타인의 인적사항을 소개하고 묘사할 수 있다.
- 관심사 및 여가시간 활용법에 대해 이야기할 수 있다.

1. **Proszę popatrzeć na zdjęcia. Kim są dla siebie ci ludzie? Jakie są ich relacje?**
   위의 사진을 보세요. 이들은 당신에게 어떤 사람들인가요?
   그들은 서로 어떤 관계인가요?
2. **Dlaczego nasze relacje są ważne?**
   우리에게 인간관계는 왜 중요할까요?
3. **Gdzie i jak można poznać nowych ludzi?**
   어디에서 어떻게 새로운 사람들을 사귈 수 있나요?

I. Proszę przeczytać profile tych osób. Proszę porozmawiać z koleżanką/kolegą i zadać trzy pytania na temat każdej osoby: np. Kim z zawodu jest Jacek? Gdzie urodził się Haram? Kto zna dwa języki obce?

친구와 함께 아래 인물들의 인적사항을 읽고, 각각의 인물들에 대해 서로 3가지씩 질문해보세요: 예) Jacek의 직업은 무엇인가요? Haram은 어디에서 태어났어요? 2개국어를 할 줄 아는 사람은 누구일까요?

Imię: Marta
Nazwisko: Kowalik
Zawód: studentka
Wiek: 23 lata
Płeć: kobieta
Obywatelstwo: polskie
Miejsce urodzenia: Warszawa, Polska
Miejsce zamieszkania: Seul
Rodzina: mama (49), tata (55), starszy brat (30)
Zainteresowania: sport (tenis, baseball)
Znajomość języków: angielski, koreański

Lubię grać w tenisa i oglądać baseball. Nie lubię gotować.

Imię: Haram
Nazwisko: Park
Zawód: student
Wiek: 24 lata
Płeć: mężczyzna
Obywatelstwo: koreańskie
Miejsce urodzenia: Busan, Korea
Miejsce zamieszkania: Seul
Rodzina: tata (50), mama (46), babcia (78), młodsza siostra (21)
Zainteresowania: muzyka (ukulele), sport (baseball, rower, narty)
Znajomość języków: polski, japoński

Uwielbiam jeździć na rowerze i na nartach. Kocham koty. Mam kota, ma na imię Nabi. Nie lubię psów.

Imię: Mira
Nazwisko: Yun
Zawód: menadżerka
Wiek: 35 lat
Płeć: kobieta
Obywatelstwo: koreańskie
Miejsce urodzenia: Seul, Korea
Miejsce zamieszkania: Warszawa
Rodzina: mąż (40), syn (3)
Zainteresowania: taniec, muzyka
Znajomość języków: polski, angielski

Umiem świetnie tańczyć i pięknie śpiewać. Nienawidzę robić zakupów.

Imię: Jacek
Nazwisko: Nowak
Zawód: inżynier
Wiek: 40 lat
Płeć: mężczyzna
Obywatelstwo: polskie
Miejsce urodzenia: Toruń, Polska
Miejsce zamieszkania: Warszawa
Rodzina: żona (40), córka (16), syn (10), pies (3)
Zainteresowania: muzyka (K-POP)
Znajomość języków: angielski

Nie umiem mówić po koreańsku, ale umiem gotować koreański makaron ramyeon!

II. Proszę stworzyć swój profil w mediach społecznościowych, a następnie opowiedzieć o sobie.
자신의 인적사항을 채워 넣고, 자화상을 그려보세요. 자신에 대해서 말해보세요.

Mój portret

Imię: ____________________

Nazwisko: ____________________

Pseudonim: ____________________

Zawód: ____________________

Wiek: ____________________

Płeć: ____________________

Obywatelstwo: ____________________

____

Miejsce urodzenia: ____________________

____

Miejsce zamieszkania: ____________________

____

Rodzina: ____________________

____

Zainteresowania: ____________________

____

Znajomość języków: ____________________

____

Jestem z ____________________

Studiuję ____________________

Jestem ____________________ *i inteligentny/a*

Interesuję się ____________________

____

Kocham/uwielbiam ____________________

____

Lubię ____________________

____

Najbardziej nie lubię ____________________

____

Umiem ____________________

____

Nie umiem ____________________ ,

ale chcę nauczyć się ____________________

Mam ____________________

____

Moim przyjacielem/przyjaciółką jest ____________________

On/ona jest ____________________

____

Moje marzenie to ____________________

____

Myślę, że najważniejsze w życiu jest ____________________

____

____

Dialog (대화)

Haram kupuje kawę w kawiarni i widzi Martę. Marta pije kawę i pisze na komputerze.

Haram Cześć, Marta! Co tutaj robisz?
Marta O, cześć Haram! Miło cię widzieć! Co robię? Czatuję z moim przyjacielem z Polski, Kubą.
Haram Gdzie się poznaliście?
Marta Wiesz, nigdy go nie spotkałam, bo poznaliśmy się w Internecie. Chciałbyś zobaczyć jego profil?
Haram O, jest bardzo przystojny i chyba lubi sport, bo jest wysportowany!
Marta Jest też bardzo wesoły i ma poczucie humoru. Ma śmieszny pseudonim, „Pączek Killer".
Haram Jakie ma zainteresowania?
Marta Interesuje się polską literaturą i muzyką klasyczną. Uwielbia Chopina.
Haram Naprawdę? Ja nie lubię muzyki klasycznej…
Marta A do tego jest wolontariuszem. Pomaga w schronisku dla psów i kotów, bo kocha zwierzęta.
Haram To tak jak ja! Uwielbiam koty. Ja chyba też dogadałbym się z Kubą. Ale… Marta, musisz być ostrożna, kiedy czatujesz w Internecie.
Marta Wiem, ale znam Kubę już trzy lata. Ufam mu.
Haram A mi ufasz? Ha ha ha!
Marta A kupisz mi kawę? Ha ha ha! No dobra… Ty, Haram, jesteś moim najlepszym przyjacielem!

Miło cię widzieć!	널 만나서 반가워!	
Czatuję z przyjacielem.	난 친구와 채팅을 하고 있어.	czatować z + N
Poznaliśmy się w Internecie.	우리는 인터넷에서 만났어.	
jest wysportowany	체력이 뛰어난 (남성형)	wysportowany/a/e
ma poczucie humoru	유머 감각을 갖고 있다	mieć poczucie humoru nie mieć poczucia humoru
Pseudonim	별명	
Wolontariusz	자원봉사자	
Schronisko	보호소	
dogadałbym się z Kubą	나는 쿠바와 말이 통할 것 같아.	dogadywać się (ndk)/dogadać się (dk) z + N
Musisz być ostrożna	너는 조심해야 해 (여성형)	ostrożny/a/e
Ufam mu.	나는 그를 믿어 (신뢰해)	ufać + C Ufasz mi? Ufam ci/mu/jej/nam/wam/im.
No dobra…	아이고, 알았어. (마지못해 동의할 때 쓰는 구어체 표현)	

III. Proszę zdecydować, czy zdania są prawdziwe (P), czy fałszywe (F).
주어진 문장이 참(F)인지, 거짓(F)인지 고르세요.

0. Marta pisze mail do przyjaciela z Polski. P (F)
1. Haram poznał Kubę w Internecie. P F
2. Kuba lubi jeść pączki. P F
3. Haram uwielbia muzykę klasyczną i polską literaturę. P F
4. Kuba pomaga w schronisku, bo jest wolontariuszem. P F
5. Marta zna Kubę od 3 lat. P F
6. Haram jest przyjacielem Marty. P F

GRAMATYKA (문법) – ODMIANA RZECZOWNIKA (명사 PRZYJACIEL의 격변화)

M	przyjaciel	przyjaciele
D	przyjaciela	przyjaciół
C	przyjacielowi	przyjaciołom
B	przyjaciela	przyjaciół
N	przyjacielem	przyjaciółmi
Ms	przyjacielu	przyjaciołach
W	przyjacielu!	przyjaciele!

ALE: nauczyciel: l.mn. D i B nauczycieli
właściciel: l.mn. D i B właścicieli

IV. Proszę wybrać poprawną odpowiedź.
알맞은 답을 고르세요.

0. To jest sweter mojego przyjaciela / przyjaciół.
1. Ten wysoki, chudy chłopak to Marek, mój przyjaciel / przyjaciele ze szkoły podstawowej.
2. W sobotę idę z moim przyjaciel / przyjacielem do kina na nowy koreański film „Pasożyt”.
3. Czy znasz mojego przyjacielu / przyjaciela, Kubę?
4. Amerykański serial pod tytułem „Przyjaciele” to historia przyjaciół / przyjaciołach z Nowego Jorku.
5. Marta i Haram znają się już trzy lata i są dobrymi przyjaciółmi / przyjaciół.
6. Chciałabym dać piękny prezent urodzinowy mojemu przyjacielu / przyjacielowi.

V. Proszę odpowiedzieć na pytania i zapytać koleżankę/kolegę. Następnie proszę opowiedzieć grupie o swojej koleżance/swoim koledze.
주어진 질문에 대답한 뒤, 친구에게 질문해보세요. 그리고 조원들 앞에서 자신의 친구에 대해서 발표해보세요.

Pytania	*Moje odpowiedzi*	*Odpowiedzi koleżanki/kolegi*
Jak masz na imię?		
Co znaczy twoje koreańskie imię?		
Kto dał ci to imię i dlaczego?		
Czy lubisz swoje imię? Dlaczego tak/nie?		
Jak mówią do ciebie rodzice, koledzy, nauczyciele?		
Czy masz pseudonim? Jaki?		
Dlaczego masz taki pseudonim?		
Czy w SNS podajesz prawdziwe imię i nazwisko, czy twój pseudonim?		
Czy masz polskie imię? Jakie?		
______________________?		

VI. Proszę posłuchać nagrania, a następnie wykonać zadania A, B i C.
녹음파일을 듣고, A,B,C의 과제를 차례로 수행해보세요.

A. Proszę wybrać odpowiedź zgodną z treścią nagrania.
녹음파일의 내용에 부합되는 문장을 고르세요.

① Osoby energiczne i spontaniczne wolą duże torby.
② Osoby ostrożne kupują duże torby z kieszeniami.
③ W torbie „zająca" jest cały dom.
④ W torbie „żółwia" jest tylko telefon i pomadka.

B. Podczas słuchania, proszę uzupełnić zdania.
녹음파일을 들으면서 빈칸을 채워보세요.

- Jest tu wszystko: krem do rąk, perfumy, ____________[1], słodycze, ____________[2], chusteczki, ____________[3] na ból głowy...
- Twój typ to ____________[4]. Wolisz nosić wszystko w torbie ze sobą niż kupować nowe rzeczy lub prosić innych o pomoc.
- Masz jednego ____________[5] lub dwóch bliskich ____________[6].
- Minimaliści ____________[7] dużych toreb i zdecydowanie wolą małe, eleganckie torby lub plecaki.
- ____________[8] ekstremalne sytuacje i nie boisz się, kiedy nie ma planu, bo uwielbiasz ____________[9]!

C. Proszę przyporządkować cechy do osób typu „żółw” i „zając”.
사람의 특성을 „토끼”과와 „거북이”과로 나누어 분류해보세요.

ostrożny spontaniczny ma wielu znajomych uwielbia duże torby woli małe plecaki lubi mieć plan energiczny ma jednego bliskiego przyjaciela przygotowany na każdą okazję kocha ekstremalne sytuacje lubi nie mieć planu otwarty uwielbia emocje nie lubi prosić o pomoc

„Żółw”	„Zając”

VII. Proszę zrobić listę rzeczy, które ma Pani/Pan w torbie lub w plecaku. Proszę porównać swoją listę z listą koleżanki/kolegi (czy macie podobne przedmioty, kto ma więcej, kto ma mniej, do czego potrzebujecie tych rzeczy). Następnie proszę przeczytać tekst.
당신이 가방이나 배낭 속에 갖고 있는 물건들의 목록을 작성해보세요. 그 목록을 다른 친구들의 목록과 비교해보세요. (비슷한 물건을 갖고 있는지, 물건의 개수가 제일 많은 사람은 누구이고, 제일 적은 사람은 누구인지, 이 물건들이 뭐에 쓰이는지 등등). 그러고 난 뒤, 아래 텍스트를 읽어보세요.

Pokaż mi swoją torbę, a powiem ci, kim jesteś!

Czy wiesz, że torba może pokazać, jaki jest twój charakter?

Są ludzie, którzy noszą w torbie lub w plecaku cały dom. Jest tu wszystko: krem do rąk, perfumy, notes, słodycze, książka, chusteczki, tabletki na ból głowy...
Minimaliści nie znoszą dużych toreb i zdecydowanie wolą małe, eleganckie torby lub plecaki. W idealnej torbie mieści się smartfon, portfel albo tylko karta bankowa i dowód tożsamości. No, może jeszcze guma do żucia lub pomadka – ale to już naprawdę wszystko.

Co twoja torba mówi o tobie?

Lubisz duże torby z kieszeniami? Kiedy kupujesz torbę lub plecak, to najważniejszy jest dla ciebie duży rozmiar? Twój typ to „żółw". Wolisz mieć wszystko ze sobą niż kupować nowe rzeczy lub prosić innych o pomoc. Jesteś przygotowany na każdą sytuację. Lubisz mieć dokładny plan i nie jesteś spontaniczny. Jesteś ostrożny, kiedy spotykasz nowych ludzi. Najczęściej masz jednego przyjaciela lub dwóch bliskich przyjaciół.
Kiedy wychodzisz z domu, zabierasz tylko kilka najpotrzebniejszych rzeczy? Twój typ to „zając". Jesteś osobą energiczną i spontaniczną. Kochasz ekstremalne sytuacje i nie boisz się, kiedy nie ma planu, bo uwielbiasz emocje! W kontakcie z nowymi ludźmi jesteś otwarty i masz wielu znajomych.

– Na podstawie: www.plotek.pl

VIII. Po przeczytaniu tekstu *Pokaż mi swoją torbę, ...* proszę przedyskutować z kolegą/koleżanką: 위에 제시된 텍스트 „내게 가방을 보여줘, 그러면 네가 누군지 말해줄게" 를 읽고, 친구들과 토론해보세요.

1. Którym jesteś typem? Czy jesteś „żółwiem" czy „zającem"?
2. Jak myślisz, jakie są zalety (plusy), a jakie wady (minusy) „żółwia" i „zająca"?
3. Jak myślisz, jaka jeszcze inna rzecz pokazuje charakter osoby?

Myślę, że... Moim zdaniem... Zgadzam się/Nie zgadzam się, dlatego że...

IX. Proszę dokończyć zdania. Proszę wykorzystać zwroty w ramce lub podać własne odpowiedzi. 문장을 완성하세요.

1. Kiedy pada deszcz/śnieg , ______________________
2. Kiedy mam wolny czas, ______________________
3. Uwielbiam ______________, dlatego często ______________
4. Wieczorem nie lubię ______________________
5. Z przyjaciółmi lubię ______________, ale sam/sama wolę ______________
6. Moją ulubioną rozrywką jest ______________________

uczyć się w bibliotece
oglądać filmy w kinie
chodzić do teatru na spektakl
jeździć na rowerze/na nartach
spędzać czas z rodziną czytać książki
oglądać telewizję/seriale/filmiki w Internecie/na komórce/na YouTubie
grać w gry komputerowe/planszowe czatować
rysować/malować
relaksować się
tańczyć w klubie na imprezie
śpiewać piosenki
spotykać się z przyjaciółmi
pływać
chodzić na spacery
biegać
pić piwo w pubie

X. Proszę zadać kilka pytań koleżankom/kolegom, np. Co zwykle robisz wieczorami? Czego nie lubisz robić?... Proszę znaleźć osobę o podobnych zainteresowaniach.

친구들에게 몇 가지 질문을 해보세요. 예를 들면, 저녁에는 주로 무엇을 하는지? 하기 싫은 일은 무엇인지? 등등... 그리고 나와 비슷한 관심사를 가진 사람을 찾아보세요.

XI. Proszę napisać o sobie dwa zdania prawdziwe i jedno nieprawdziwe. Proszę przedstawić zdania w grupie. Grupa musi wybrać zdanie nieprawdziwe. Proszę posłuchać innych. Czy wiesz, co jest prawdą, a co jest nieprawdą?

자신에 대해서 두 개는 진짜 정보를, 나머지 하나는 거짓 정보를 적어보세요. 그리고 조원들 앞에서 세 개의 문장을 발표하세요. 조원들이 거짓 정보를 선택하게 해야 합니다. 다른 사람의 발표를 듣고, 무엇이 참이고, 무엇이 거짓인지 맞춰보세요.

1) PRAWDA O MNIE: ______________________

2) PRAWDA O MNIE: ______________________

3) NIEPRAWDA O MNIE: ______________________

XII. Proszę uzupełnić tekst słowami z ramki.
표에 제시된 단어를 골라 텍스트를 완성하세요.

lajk, dane, informacji, ~~zdjęcia~~, post, Polaka, lajki, IQ, płeć, narodowość

Kiedy czytamy na Facebooku ciekawy post lub oglądamy świetne *zdjęcia* [0], klikamy „Lubię to!" („ Like"), ponieważ podoba nam się to – po polsku potocznie nazywa się to „ _____ [1]". Naukowcy analizują nasze „_____ " [2] i łatwo mogą dowiedzieć się o nas wielu _____ [3] – nawet, kiedy tego nie chcemy!

Oto _____ [4] z badań Microsoft Research i grupy naukowców z Cambridge Psychometric Center pod kierunkiem _____ [5], Michała Kosińskiego.

Twoje „lajki" „mówią" wszystko:

	jaka jest twoja _____ [6]		jak wysokie jest twoje _____ [7]
	jaka jest twoja opinia polityczna		czy pijesz alkohol/palisz papierosy
	jaka jest twoja religia		jaka jest twoja _____ [8]

– Na podstawie: www.newsweek.pl

XIII. Proszę przedyskutować z koleżanką/kolegą.
친구들과 토론해보세요.

1. Czy masz konto na portalu społecznościowym (SNS)? Jeśli tak, to na jakim? Jak często jesteś tam aktywna/aktywny?
2. Twoje „lajki" są informacjami o tobie. Czy podoba ci się to, czy nie? Dlaczego?
3. Czy masz wielu znajomych na SNS? Czy to są twoi przyjaciele?
4. Co dla ciebie znaczy słowo „przyjaciel"?
5. Czy często „lajkujesz" posty lub zdjęcia? Dlaczego?
6. Czy wolisz pisać posty, czy robić i publikować zdjęcia? Dlaczego?

Test (평가)

I. Co można wpisać w puste miejsce (________)? 빈칸에 들어갈 수 있는 것은?

0. Oni interesują się ________.
   ① *koreańskim kinem*
   ② koreańskie kino
   ③ koreańskiego kina
   ④ koreańskie kina

1. Proszę wpisać narodowość i ________.
   ① płeć
   ② żeński
   ③ męski
   ④ kobieta

2. Mam dużo ________.
   ① przyjaciółmi
   ② przyjaciół
   ③ przyjaciołach
   ④ przyjaciele

3. Dawno nie widziałem ________ z mojej starej szkoły.
   ① nauczycielach
   ② nauczycielami
   ③ nauczyciele
   ④ nauczycieli

4. W mojej torbie zawsze są chusteczki i guma ________.
   ① od żucia
   ② do żucia
   ③ do głowy
   ④ na ból głowy

5. Kasia jest moją przyjaciółką. Ufam ________.
   ① ci
   ② jej
   ③ mi
   ④ mu

II. Proszę połączyć zdania. 이어지는 문장을 찾아 연결하세요.

0. *Uwielbiam teatr, dlatego*
1. Nie lubię uprawiać sportu, więc rzadko
2. Lubię oglądać stare i nowe filmy, ale
3. Kiedy jest piękna pogoda,
4. Uwielbiam smaczne piwo, dlatego
5. Bardzo lubię tańczyć, więc

a. niestety, rzadko chodzę do kina.
b. idę na długi spacer i oglądam krajobrazy.
c. co weekend chodzę z przyjacielem do pubu.
d. *chciałabym wieczorem pójść na spektakl.*
e. biegam albo jeżdżę na rowerze.
f. w wolnym czasie chodzę do klubu na imprezy.

Czy wiesz, że...

알고 있나요...

폴란드에서 나이는 매우 민감한 주제입니다. 특히 여성들과 이야기할 땐 더욱 그렇죠. „여자들에겐 나이를 물어보는 것이 실례다"라고들 합니다. 폴란드에서는 첫 만남에서 나이를 묻는 관례가 없습니다. 나중에 어느 정도 친해지고 난 다음에는 무엇이든 물어볼 수 있습니다. 만약 „나이가 몇 살입니까?"라고 물으면, 폴란드인들은 종종 즉답을 피하면서 이렇게 묻습니다. „몇 살처럼 보이는데요?" 농담 같지만, 여러분이 이 질문을 할 때는 각별히 주의해야 합니다!

W Polsce wiek to bardzo delikatny temat, szczególnie, kiedy rozmawiamy z kobietami. Mówimy, że „kobiety nie należy pytać o wiek". W Polsce nie ma zwyczaju pytania o wiek na pierwszym spotkaniu. Potem, kiedy już się z kimś przyjaźnimy, możemy pytać o wszystko. Kiedy pytamy „ile masz lat?", Polacy często nie odpowiadają wprost, ale pytają: „a na ile wyglądam?". To żart, ale proszę uważać, kiedy Państwo odpowiadają na to pytanie!

폴란드에서는 한국에서처럼 나보다 나이 어린 친구를 '후배'라 부르고, 손위 친구를 '선배'라고 부르는 위계질서가 없습니다. 어떤 이들은 나이를 밝히는 것을 꺼리기 때문에 자신의 SNS프로필에서 출생 연도는 지우고, 생일만 밝히는 경우도 종종 있습니다.

W Polsce nie ma hierarchii młodszy kolega *(hubae)* – starszy kolega *(sonbae),* jak w Korei. Niektóre osoby bardzo nie lubią mówić o swoim wieku, dlatego ukrywają rok urodzenia na SNS i często podają tylko dzień urodzin.

NOTATKI

LEKCJA

2 Jacy oni są?

이 사람들은 어떤가요?

학습목표

- 비교급을 사용하여 인물의 성향을 묘사할 수 있다.
- 사안에 대해 찬성과 반대의 의견을 표명할 수 있다.

1. **Proszę popatrzeć na fotografie. Co może Pani/Pan powiedzieć o tych osobach?**
   사진 속의 사람들에 대해 보이는 대로 이야기해주세요.
2. **Czy zna Pani/Pan jakąś Polkę/jakiegoś Polaka lub innego cudzoziemca? Czy może Pani/Pan powiedzieć, jacy oni są?**
   당신이 아는 사람 중에 폴란드 여자나 폴란드 남자, 혹은 다른 외국인이 있나요? 그들이 어떤 성향을 갖고 있는지 말해볼까요?
3. **Co Pani/Pan wie o stereotypach?**
   고정관념이 무엇인지 알고 있나요?

I. Proszę uzupełnić definicje słowami z ramki.
아래 표에 제시된 단어를 사용하여 사람의 성격에 대한 정의를 완성해보세요

odważny, serdeczny, szczery, uczciwy, uparty, utalentowany, zarozumiały, życzliwy, towarzyski, spokojny, romantyczny, głupi, mądry, ambitny, nerwowy, pracowity, dynamiczny, wrażliwy, punktualny, tolerancyjny, rodzinny, cierpliwy, gadatliwy, dobrze zorganizowany, odpowiedzialny, zabawny, spokojny, nieśmiały, gościnny, kreatywny, ostrożny, kulturalny, pewny siebie, ~~kontaktowy~~, otwarty, uprzejmy, arogancki, zamknięty (w sobie), skromny, energiczny

0. Człowiek, który łatwo nawiązuje kontakty z innymi ludźmi, *jest kontaktowy*.
1. Człowiek, który zawsze mówi to, co myśli, jest s__________.
2. Człowiek, który lubi być w towarzystwie innych osób, jest t__________.
3. Człowiek, który nie boi się problemów i trudności, jest o__________.
4. Człowiek, który nie łamie prawa, nie kłamie, nie ukrywa prawdy, jest u__________.
5. Człowiek, który jest miły, przyjazny, pokazuje, że lubi osoby, z którymi przebywa, jest s__________.
6. Człowiek, który łatwo reaguje na emocje (pozytywne oraz negatywne) i silnie je odczuwa, jest w__________
7. Człowiek, który lubi dużo mówić, jest g__________.
8. Człowiek, który tworzy coś nowego i oryginalnego, jest k__________.
9. Człowiek, który boi się popełnić błąd, dlatego długo myśli, zanim podejmie decyzję lub coś zrobi, jest o__________.
10. Człowiek, który powoduje, że inni się śmieją (mówi lub robi coś śmiesznego), jest z__________.
11. Człowiek, który jest za bardzo pewny siebie i uważa się za lepszego od innych, nie jest skromny, jest z__________.
12. Człowiek, który jest dobrze wychowany, życzliwy wobec innych ludzi, jest u__________.
13. Człowiek, który nie zmienia swojego zdania, nawet jeśli nie ma racji, jest u__________.
14. Człowiek, który jest niegrzeczny i nieuprzejmy wobec innych, jest a__________.

II. Proszę napisać antonimy, można skorzystać ze słów w tabelce lub ze słownika. 반대말을 써보세요. 표나 사전에 있는 단어를 활용해도 좋습니다.

0. mądry	⟷	*głupi*			
1. uczciwy	⟷	____________	5. ____________	⟷	leniwy
2. pewny siebie	⟷	____________	6. nerwowy	⟷	____________
3. ____________	⟷	małomówny	7. ____________	⟷	poważny, smutny
4. ____________	⟷	skromny	8. ____________	⟷	nieutalentowany

III. Proszę wpisać cechy pozytywne i negatywne w odpowiednie miejsce:
긍정적인 성격과 부정적인 성격을 알맞은 위치에 적어보세요.

Cechy pozytywne:	Cechy negatywne:
uczciwy, ____________	*arogancki,* ____________
____________	____________
____________	____________
____________	____________

Dialog (대화)

Marta Cześć, Haram, co ty tutaj robisz?

Haram Przyszedłem zapisać się na kurs **języka chińskiego**. A ty, co tu robisz?

Marta **Chińskiego**? Nie wiedziałam, że interesujesz się **Chinami**. Ja czekam na lekcję, chodzę tu na zajęcia z **koreańskiego**. A to moja koleżanka. Poznajcie się. To jest **Haram z Korei**, a to **Anna z Polski**, ha, ha, ha.

Haram Dzień dobry, miło mi panią poznać.

Anna Miło mi, ale...mówmy sobie po imieniu... jestem Ania.

Haram A ja Haram. Ty też uczysz się **koreańskiego**?

Anna Nie, ja chcę wyjechać na staż do **Francji**, więc uczę się **francuskiego**.

Marta Jacy są **Francuzi**? Byłaś już kiedyś **we Francji**?

Anna Tak, byłam tam na wakacjach. **Francuzi** są **romantyczni i towarzyscy**...

Haram Słyszałem, że **Francuzi** są też **wrażliwi i tolerancyjni**.

Marta Ach, te stereotypy...

zapisać się na kurs	과정(코스)에 등록하다	kurs + D (języka koreańskiego, polskiego)
chodzić na zajęcia z	수업에 다니다 (zajęcia z + 과목명)	chodzić na + B z + D. (chodzić na zajęcia z koreańskiego/polskiego)
czekać na lekcję	수업을 기다리다	czekać na + B
poznajcie się	서로 인사해	poznać się
mówmy sobie po imieniu	우리 말 놓자	mówić po imieniu
wyjechać na staż	인턴쉽을 하러 (멀리) 떠나다	wyjechać na + B do + D → wyjechać na staż do Francji / być na + Ms w + Ms → być na stażu we Francji
jacy są?	(그들은) 어떤가요 (성격, 성향 등을 묻는 질문)?	l. poj. rzeczowników męskoosobowych: jaki jest?
wrażliwi	예민한, 민감한 (복수형)	l. poj. wrażliwy (단수)
tolerancyjni	관용적인, 관대한	l. poj. tolerancyjny (단수)
Ach, te stereotypy...	아, 이런 고정관념 같으니라고...	

IV. Proszę odpowiedzieć na pytania.
위의 대화지문과 관련해서 질문에 답해보세요.

1. Na jaki kurs chce zapisać się Haram?
2. Jakiego języka uczy się Marta?
3. Czy Haram zna Annę?
4. Na jakie zajęcia chodzi Anna?
5. Dokąd chce pojechać Anna?
6. Jacy są Francuzi?

V. Proszę odegrać dialog z kolegą i koleżanką (3 osoby). W zaznaczonych miejscach proszę zmienić informacje na te podane w ramce lub zaproponować inne: 세 명의 친구들과 함께 위의 대화 지문을 읽으면서 아래 표에 제시된 정보에 따라 밑줄 그은 위치의 단어를 바꿔보거나 다른 내용으로 변형시켜보세요.

japońskiego	Japonią	włoskiego	do Niemiec
niemieckiego	Niemcy	w Niemczech	uprzejmi
dobrze zorganizowani	punktualni	aroganccy	

VI. Proszę posłuchać audycji radiowej Wspólna Europa na temat stereotypów o mieszkańcach państw europejskich, a następnie wykonać zadania A i B. 유럽에 사는 여러 나라 사람들에 관한 고정관념을 주제로 한 라디오 방송을 듣고, 주어진 과제를 수행해보세요.

A. Proszę uzupełnić tabelę.
빈칸을 채우세요.

zorganizowani	odważni	zamknięci	uprzejmi	kreatywni
dobrzy	uprzejmi	tolerancyjni	kulturalni	uczciwi
nerwowi	nieuprzejmi	najlepsi	zarozumiali	

Niemcy	aroganccy, ____[1] w sobie ludzie, są ____[2], punktualni i dobrze ____[3]
Francuzi	są ____[4] i wrażliwi
Włosi	są gadatliwi, ____[5] kucharze i kierowcy, są ____[6]
Litwini	to ____[7] i ostrożni partnerzy biznesowi, są ____[8]
Czesi	są ____[9], liberalni, zamknięci w sobie
Polacy	nie są ____[10] i nie są towarzyscy, nieostrożni i ____[11] kierowcy, są ____[12], kreatywni, ____[13] i nietolerancyjni, ____[14] i tolerancyjni, gościnni

B. Proszę wysłuchać audycji jeszcze raz i zdecydować, która osoba wyraża te opinie. 방송을 다시 듣고, 누가 다음과 같은 의견을 표명했는지 골라보세요.

W audycji mówią:

a. Anna b. Jean c. Paulo d. Ingmara e. Jana

	Która osoba	Osoba:
1	nie wyraża opinii o Polakach.	[________]
2	wyraża pozytywną opinię o Polakach.	[________]
3	wyraża negatywną opinię o Polakach.	[___b___]
4	wyraża pozytywną i negatywną opinię o Polakach	[________], [________]

GRAMATYKA (문법) – MIANOWNIK 장소격 (M): KTO? CO?

rzeczownik l.mn.rodzaj męskoosobowy (남성형 복수명사)

RODZAJ MĘSKOOSOBOWY		
Mongoł – Mongołowie pan – panowie profesor – profesorowie ojciec – ojcowie	narodowość, tytuł, rodzina **-owie**	
Polak – Polacy Niemiec – Niemcy aktor – aktorzy kolega – koledzy	-k → -cy -(i)ec → -cy -r → -rzy -g → -dzy	po spółgłoskach: **k, g, r** **-y**
Francuz – Francuzi Szwed – Szwedzi Włoch – Włosi student – studenci dentysta – dentyści	-d → -dzi -ch → -si -t → -ci -st → -ści	po spółgłoskach: **b, d, f, ch, ł, m, n, p, s, t, w, z** **-i**
piosenkarz – piosenkarze gość – goście listonosz – listonosze Amerykanin – Amerykanie	-anin → -anie	Po spółgoskach: **sz, cz, dz, dż, ż, rz, ś, ć, dź, ź, ń, l, j** **-e**

VII. Proszę uzupełnić zdania.

문장을 완성하세요. (M l.mn. rzeczowniki męskoosobowe – 남성사람 명사의 주격 복수형)

0. Polak i Polka to *Polacy*__________. 

1. Koreańczyk i Koreanka to _______________. 

2. Filipińczyk i Filipinka to _______________. 

3. Chińczyk i Chinka to _______________. 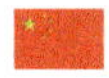

4. Czech i Czeszka to _______________. 

5. Japończyk i Japonka to _______________. 

6. Włoch i Włoszka to _______________. 

7. Belg i Belgijka to _______________. 

8. Francuz i Francuzka to _______________. 

9. Amerykanin i Amerykanka to _______________. 

10. Szwed i Szwedka to _______________. 

- **Kto mieszka w Polsce**?
- **W Polsce mieszkają Polacy**.
- **Kto mieszka w** _______________?

UWAGA!

Filipińczycy mieszkają **na** Filipin**ach**.

GRAMATYKA (문법) – MIANOWNIK (M) 주격 (남성)

l.mn. przymiotników męskoosobowych(남성사람 형용사의 복수형)

<table>
<tr><td rowspan="4">Jacy?</td><td colspan="3"></td></tr>
<tr><td>towarzyski – towarzyscy
drogi – drodzy
dobry – dobrzy</td><td>-k → - cy
-g → -dzy
-r → - rzy</td><td>po spółgłoskach: k, g, r, c, cz, dz
-y</td></tr>
<tr><td>-zamknięty – zamknięci
młody – młodzi
miły – mili
lepszy – lepsi</td><td>-t → -ci
-d → -dzi
-ł → -li
-sz → -si</td><td>-i</td></tr>
<tr><td colspan="3">UWAGA!
cudzoziemscy studenci</td></tr>
</table>

VIII. Proszę uzupełnić zdania.

주어진 단어로 문장을 완성하세요.

0. Koreańczycy są *pracowici*. (pracowity)
1. Polacy są ______________. (gościnny)
2. Chińczycy są ______________. (skromny)
3. Japończycy są ______________. (zamknięty w sobie)
4. Malezyjczycy są ______________. (uprzejmy)
5. Filipińczycy są ______________. (wesoły)
6. Rosjanie są ______________. (bogaty)

UWAGA!

wesoły – weseli

szczery - szczerzy

człowiek	ludzie	
Który? Którzy? ten – ci ten człowiek – ci ludzie tamten – tamci tamten człowiek – tamci ludzie Człowiek, **który** dużo mówi jest gadatliwy. Ludzie, **którzy** dużo mówią są gadatliwi.	**Czyj? Czyi?** mój nauczyciel → moi nauczyciele twój profesor → twoi profesorowie nasz lekarz → nasi lekarze wasz kolega → wasi koledzy	**Jaki? Jacy?** mili/towarzyscy/ skromni ludzie/koledzy

IX. Proszę zamienić na liczbę mnogą.

복수형으로 바꾸세요.

예 a. Mój syn jest inteligentny. → *Nasi synowie są inteligentni.*
b. Człowiek, który chętnie przyjmuje gości, jest gościnny.
→ *Ludzie, którzy chętnie przyjmują gości, są gościnni.*

1. Ten człowiek jest cierpliwy.
→ ______

2. Twój student jest punktualny.
→ ______

3. Mój kolega jest energiczny.
→ ______

4. Ten nauczyciel jest mądry.
→ ______

5. Nasz ojciec jest dobry.
→ ______

6. Człowiek, który dużo mówi, jest gadatliwy.
→ ______

7. Człowiek, który boi się popełnić błąd, jest ostrożny.

→

8. Człowiek, który nie zmienia decyzji nawet jeśli nie ma racji, jest uparty.

→

9. Człowiek, który nie reaguje nerwowo, jest spokojny.

→

10. Człowiek, który mówi to, co myśli, jest szczery.

→

X. Jacy oni są? Jacy powinni być? Czy oni naprawdę tacy są? Proszę porozmawiać z koleżanką/kolegą.

이 사람들은 어떤 특징이 있나요? 어때야 하나요? 정말로 그런가요? 친구들과 이야기해보세요.

a) lekarze / nauczyciele / studenci / profesorowie / aktorzy/ prawnicy / politycy

A *Jacy, twoim zdaniem, są lekarze? / Jacy, według ciebie, powinni być lekarze?*

B ***Moim zdaniem*** *lekarze są nerwowi.* ***Myślę, że*** *lekarze powinni być spokojni. Lekarze to ludzie, którzy powinni pomagać innym.*

b) Koreańczycy / Polacy / Włosi / Chińczycy / Japończycy / Amerykanie

A *Słyszałam, że Polacy są* ***tak samo*** *pracowici* ***jak*** *Koreańczycy,*

B *Myślę, że Polacy są bardziej rodzinni* ***od*** *Koreańczyków. Dzień pracy w Polsce jest krótszy niż w Korei, Polacy zwykle kończą pracę o 16.00 i wracają do domu.*

> **Wyrażanie opinii** 의견 표명:

(nie) uważam, że..., (nie) wydaje mi się, że..., (nie) sądzę, że..., (nie) myślę, że...,
Jestem pewna/pewny, że... Jestem przekonana/ przekonany, że...
Moim zdaniem..., według mnie...

> **Potrzebne zwroty i wyrażenia** 필요한 어구나 표현:

Słyszałam, że... / podobno...,
tak samo....jak ....., bardziej/mniej niż/od...,
najbardziej na świecie / najbardziej ze wszystkich

> **Trudne słowa (proszę sprawdzić znaczenie w słowniku)**: 필요할 수도 있는 단어들 (사전에서 뜻을 확인하거나 새로운 단어를 찾아 적어보세요)
>
> oszczędny, odpowiedzialny, systematyczny, zdyscyplinowany, wesoły, pomocny

XI. Proszę popatrzeć na fotografie i porozmawiać z koleżanką/kolegą na temat: jacy powinni być idealni rodzice?
사진을 보면서 친구들과 다음과 같은 주제로 대화해보세요: 이상적인 부모란 어떤 사람들일까요?

Można zacząć tak:
A *Jacy, twoim zdaniem, powinni być rodzice?*
B *Myślę, że ________ A według ciebie ________?*
A *Wydaje mi się, że ________*

XII. Proszę przeczytać artykuł *Czy istnieją idealni rodzice?*, a następnie powiedzieć, co na temat rodziców mówią psychologowie, dzieci i rodzice. '부모'라는 주제에 대해서 심리학자들, 자식들, 부모들이 뭐라고 이야기하는지에 관한 기사를 읽어보세요.

Czy istnieją idealni rodzice?

Nie. Mama i tata nie są ani dobrzy, ani źli, **są wystarczająco** dobrzy – tak twierdził Donald Winnicott – brytyjski psycholog. Rodzice wystarczająco dobrzy to tacy, którzy rozumieją emocje swojego dziecka, reagują na potrzeby dzieci, są wyrozumiali i pomocni.

Wykształceni ludzie, czyli ci, którzy skończyli pedagogikę lub psychologię i najczęściej jeszcze nie mają dzieci twierdzą, że rodzice powinni być mądrzy i silni – dawać przykład i nie popełniać błędów. – To nieprawda – mówi Iza, mama Kasi. – Wiem, że tacy rodzice nie istnieją.

– Pamiętam moich rodziców. Bardzo pracowici i dobrze zorganizowani, zawsze uśmiechnięci, spokojni i cierpliwi. **Cenię** te cechy w moich rodzicach. Jednak nie mieli dla mnie czasu, brakowało mi zabawy z tatą, dlatego ja spędzam każdą wolną chwilę z synem – mówi Piotr, 38 lat.

– Rodzice idealni to tacy, którzy nie krzyczą – mówi Marianna (9 lat). – Kiedy robimy coś źle, powinni spokojnie wytłumaczyć nam błąd.

– W moich rodzicach denerwuje mnie, że za bardzo się martwią. Boją się, że coś mi się stanie, **np.** nie pozwalają mi wchodzić na drzewo, bo mogę **spaść**, a potem będzie mnie coś boleć.

– mówi Nina (13 lat). Nie chciałaby jednak zmieniać swoich rodziców. – Uważam, że nie są idealni, ale są w sam raz.

– W moich rodzicach denerwuje mnie, że za bardzo się martwią. Boją się, że coś mi się stanie, **np.** nie pozwalają mi wchodzić na drzewo, bo mogę **spaść,** a potem będzie mnie coś boleć.

– mówi Nina (13 lat). Nie chciałaby jednak zmieniać swoich rodziców. – Uważam, że nie są idealni, ale są w sam raz.

– Na podstawie: https://dziecko.trojmiasto.pl/Idealnie-niedoskonali-rodzice-n82171.html#tri

> Trudne słowa:

istnieją (istnieć) = są 있다/존재한다
wystarczająco = w sam raz (nie trzeba ani więcej/bardziej, ani mniej, odpowiedni) 충분히, 딱 알맞게
wykształceni = mają edukację 고학력의 / 학식이 풍부한
spaść – najpierw być na górze, a potem szybko być na dole (위에서) 아래로 떨어지다
np. = na przykład 예를 들어
cenię (cenić +B) = coś jest dla nas ważne i ma dużą wartość ~를 높이 평가하다

	Profesjonaliści (psychologowie, pedagodzy)	Rodzice	Dzieci
Jacy ich zdaniem powinni być lub są rodzice?	*Najlepsi rodzice to tacy, którzy* ____________, ____________	*Rodzice są ludźmi* ____________, ____________	*IIdealni rodzice nie powinni* ____________ ____________

XIII. Proszę przeczytać e-mail Marty do rodziców i wykonać zadania.

마르타가 부모님에게 쓴 메일을 읽고, 과제를 수행하세요.

Nowa wiadomość

Do mamaitata@gmail.com **DW UDW**

Temat mój kurs koreańskiego

Kochani Rodzice,

już dwa tygodnie uczę się koreańskiego na kursie językowym. Moja grupa nie jest duża, ale sympatyczna, są tu studenci z całego świata: są Włosi, Rosjanie, Filipińczycy, Mongołowie. Wszyscy są bardzo pracowici, inteligentni i zabawni.

Nigdy nie nudzimy się na zajęciach, bo każdy opowiada o ciekawych miejscach w swoim kraju, słuchamy różnej muzyki: rosyjskiej, włoskiej, ale przede wszystkim koreańkiej. Wczoraj jedliśmy koreańskie potrawy, które przygotowali nasi nauczyciele – Joonghee i Sanghoon. Oni są najlepszymi kucharzami i nauczycielami na świecie! Są też bardzo cierpliwi, mądrzy i dobrze zorganizowani.

Poznałam tu miłych studentów z Filipin. To szczerzy i życzliwi ludzie. Lubię takich ludzi, którzy mówią to, co myślą.

Jak się mają moi bracia na wakacjach? Jestem pewna, że są teraz szczęśliwi, bo nie muszą chodzić do szkoły.

Całuję Was mocno
Marta

Bezszeryf... **B** *I* U A

Wyślij

XIV. Proszę odpowiedzieć na pytania.

질문에 대답하세요.

1. Do kogo Marta pisze e-mail?
2. Jak długo Marta uczy się na kursie?
3. Skąd są studenci w grupie Marty?
4. Jacy są studenci w grupie Marty?
5. Jakiej muzyki studenci słuchają na zajęciach?
6. Co Marta i jej koledzy z grupy robili wczoraj?
7. Jacy są studenci z Filipin?
8. Co robią teraz bracia Marty?

XV. Proszę napisać e-mail do przyjaciół, których poznała Pani/poznał Pan na kursie języka polskiego w Polsce. Zaczął się nowy rok akademicki, mieszka Pani/Pan w akademiku. Proszę napisać, jak wygląda Pani/Pana dzień, jacy są nowi koledzy w grupie i sąsiedzi w akademiku. (100 słów)

폴란드의 언어 코스에서 알게 된 친구들에게 이메일을 써보세요. 새 학년이 시작되었고, 당신은 기숙사에서 생활합니다. 하루 일과가 어떤지, 반의 새 친구들과 기숙사의 옆방 친구들은 어떤지 적어보세요.

Nowa wiadomość

Do ______________________ **DW UDW**

Temat ______________________

(powitanie) ______________________

Drodzy Przyjaciele,

____

____

____

____

____

____

(pozdrowienie/pożegnanie) ______________________

Pozdrawiam Was serdecznie

(podpis - imię) ______________________

Bezszeryf... **B** *I* U A

Wyślij

Powitania:	Pozdrowienia/Pożegnania:
Kochani Przyjaciele, *Kochana Kasiu i Kochany Tomku,* *Moi Kochani,* *Moi Mili,* *Cześć,* *Kasiu,*	*Uściski* *Całuski* *Buziaki* *Pozdrawiam serdecznie* *Serdecznie Was pozdrawiam*

Test (평가)

I. Co można wpisać w puste miejsce (________)?
( ) 안에 들어갈 수 있는 말은?

0. Chińczyk i Chinka to ________.
   ① Chińczykami.
   ② *Chińczycy*
   ③ Chińczykach.
   ④ Chinki

1. Szwed i Szwedka to ________.
   ① Szwedach.
   ② Szwedzi.
   ③ Szwed.
   ④ Szwedom.

2. Patent na telefon jako pierwszy zarejestrował Aleksander Bell.
   ① szkocki naukowiec
   ② szkockiemu naukowcowi.
   ③ szkoccy naukowcy.
   ④ szkockim naukowcem.

3. Proszę mi mówić ________.
   ① na imię ② w imię
   ③ po imieniu ④ pod imieniem

4. Oni są tak ________ mądrzy jak ich rodzice.
   ① niż ② jak
   ③ od ④ samo

5. Ludzie, którzy nie mówią prawdy, są ________.
   ① nieszczerzy ② szczerzy
   ③ tolerancyjni ④ skromni

6. ________ oni są?
   ① Jakim ② Jaki
   ③ Jak ④ Jacy

II. Które słowo pasuje? 어떤 단어가 적합할까요?

Rok Szczura

Ludzie, którzy urodzili się w roku Szczura, są ambitni, zawsze chcą być we wszystkim (najlepszy, *najlepsi*, najlepszym). Zwykle spędzają dużo czasu w pracy, są (leniwi, pracowici, idealni) i szybko robią karierę. Jako (menadżer, menadżerowie, menadżerom) są (źle, dobry, dobrze) zorganizowani. W pracy cenią ryzyko, ale w życiu osobistym szukają stabilności, są bardzo (rodzinni, skromni, weseli), dbają o swoich partnerów, w miłości są (aroganccy, szczerzy, gościnni). Ci, którzy poznali ludzi urodzonych w roku Szczura, wiedzą, że są oni towarzyscy i uwielbiają ludzi (zabawnych, uprzejmych, poważnych) czyli takich, którzy są grzeczni wobec nich.

– Na podstawie: www.czary.pl

Czy wiesz, że...

알고 있나요...

공적인 상황에서는 존칭 – *pan*(남자) / *pani*(여자) / *państwo*(남녀를 통칭하는 복수형)을 사용하는 것이 의무입니다. 이런 방식을 통해 상대방에 대한 존경과 일종의 거리감을 함께 나타냅니다. 공적인 상황이란 조직의 장이나 대표, 교수 등과 이야기하는 상황을 말합니다. *pan / pani / państwo*와 같은 존칭은 연장자에게, 혹은 상점이나 가게에서 모르는 사람과 이야기할 때, 또는 초면인 사람과 대화할 때 사용합니다. 일반적으로 연장자나 여자 쪽에서 자기보다 나이 어린 사람이나 남자에게 말을 놓자고 제안하게 됩니다. 그럴 때 사용하는 표현은 다음과 같습니다. *przejdźmy na ty*(우리 서로 '너'라고 호칭하자) / *mówmy sobie po imieniu*(우리 이름 부르자)/ *proszę mi mówić po imieniu*(저를 이름으로 불러주세요)

W sytuacjach oficjalnych obowiązują zwroty grzecznościowe *pan / pani / państwo*. W ten sposób jest wyrażany szacunek dla rozmówcy i pewnego rodzaju dystans. Oficjalna sytuacja jest wtedy, kiedy rozmawiamy np. z dyrektorem, prezesem, profesorem. *Pan, pani, państwo* mówimy też do osób od nas starszych, do osoby w sklepie, na ulicy, do osoby, której nie znamy i którą widzimy pierwszy raz. Zwykle osoba starsza lub kobieta proponuje osobie młodszej lub mężczyźnie zmianę sposobu zwracania się do siebie, używając frazy: *przejdźmy na ty/ mówmy sobie po imieniu/ proszę mi mówić po imieniu.*

만약 여러 명의 청중, 혹은 남자와 여자가 함께 있는 경우에는 *państwo*라는 호칭을 사용합니다. 예를 들어볼까요? *Szanowni państwo! Dziś zaczynamy nowy rok akademicki.*(존경하는 여러분! 우리는 오늘 신학기를 시작합니다.) *państwo*라는 호칭은 부부(남편과 부인)를 한꺼번에 부르거나 그들에 관해 이야기할 때도 사용합니다. 예를 들어보죠. *państwo Nowakowie* (노박 씨 부부), *to są mili państwo Nowakowie* (노박 씨 부부는 친절해), *idę do państwa Nowaków.* (노박 씨 부부네 집에 가는 길이야.)

Jeżeli zwracamy się do większego grona odbiorców lub do mężczyzny i kobiety, używamy słowa *państwo* (nie jest to synonim słowa *kraj*), np. *Szanowni państwo! Dziś zaczynamy nowy rok akademicki.* Słowa *państwo* używamy również wtedy, kiedy zwracamy się do pary małżeńskiej (mąż i żona) lub kiedy o nich mówimy: *państwo Nowakowie, to są mili państwo Nowakowie, idę do państwa Nowaków.*

LEKCJA

3

Modnie czy wygodnie?

유행이냐 편안함이냐?

학습목표

- 의복과 관련된 다양한 표현을 익힌다.
- 직업명(**-a**로 끝나는 남성명사)과 관련 업무에 대한 표현을 배운다.
- 한국과 폴란드의 복식문화를 비교할 수 있다.

1. **Co mają na sobie te osoby? Jak wyglądają?**
   이 사람들은 어떤 옷을 입고 있나요? 외양이 어떤가요?
2. **Jak Pani/Pan myśli, czy ludzie w Polsce i w Korei ubierają się tak samo?**
   한국과 폴란드에서 사람들의 옷차림이 비슷하다고 생각하나요?
3. **Dlaczego ubranie ma znaczenie? W jakich sytuacjach jest ważne?**
   의복은 왜 의미가 있을까요? 어떤 상황에서 중요한가요?

I. Proszę połączyć nazwy ubrań i dodatków z obrazkami.
다음 중 그림에 있는 옷과 액세서리를 알맞은 단어와 연결해 보세요.

podkoszulek żakiet marynarka T-shirt koszula bluzka bluza sweter golf kurtka

spódnica spodnie dżinsy spódniczka mini kąpielówki strój/kostium kąpielowy legginsy szorty

dres sukienka kostium garnitur mundurek płaszcz

buty adidasy klapki półbuty szpilki sandały skarpetki

bransoletka korale łańcuszek okulary (przeciwsłoneczne) soczewki kontaktowe pierścionek torebka kapelusz czapka krawat szalik rękawiczki

II. Proszę odpowiedzieć na pytania.
아래 질문에 대답해보세요.

A *Co nosisz na głowie?*
B *Na głowie noszę czapkę albo kapelusz.*

1. Co nosimy na stopach, a co nosimy na dłoniach?
2. Jakie ubrania nosimy w domu, a co wybieramy na randkę?
3. Co noszą kobiety, a co noszą mężczyźni?
4. Jakie ubrania są modne? Jakie ubrania są wygodne? Jakie ubrania lubisz nosić?

III. Co nosimy wiosną, a co zimą? Proszę przyporządkować ubrania do odpowiedniej pory roku.
봄에 우리는 어떤 옷을 입나요, 겨울은 어떤가요? 계절에 걸맞은 옷을 표에 적어보세요.

Ubrania wiosenne	Ubrania letnie	Ubrania jesienne	Ubrania zimowe
sukienka, ______	T-shirt, ______	płaszcz, ______	sweter, ______
______	______	______	______
______	______	______	______
______	______	______	______
______	______	______	______
______	______	______	______

Dialog (대화)

Mira Yun Dzień dobry, panie Jacku!

Jacek Nowak Dzień dobry, dobrze, że panią widzę. Czy mogłaby mi pani doradzić?

Mira Yun Oczywiście.

Jacek Nowak Niedługo zaczynamy nowy projekt, więc organizuję zespół. Kto w naszym dziale **dobrze pisze raporty**?

Mira Yun Może Mateusz? Mateusz **pisze najlepiej**. On ma głowę do raportów.

Jacek Nowak A Anna?

Mira Yun Mateusz **pisze raporty lepiej** niż Anna, wolę **jego raporty** niż **jej raporty**.

Jacek Nowak A kto **ciekawie mówi**?

Mira Yun Myślę, że Anna **mówi najciekawiej**, a na pewno **ciekawiej** od Mateusza. Dodatkowo Anna ubiera się **elegancko** i wygląda bardzo **profesjonalnie**, bo do twarzy jej w żakiecie i spódnicy.

Jacek Nowak A kto **pilnie pracuje**?

Mira Yun Andrzej **pracuje najpilniej**. Myślę, że to jest **dobrze dobrany** zespół: Anna **najciekawiej prezentuje i dobrze wygląda**, Mateusz **najlepiej pisze** raporty, a Andrzej **najpilniej pracuje**.

Jacek Nowak A pani, pani Miro, zawsze **mądrze mówi**. To jest to! Dziękuję!

Czy mogłaby mi pani doradzić?	제게 조언을 좀 해주실 수 있나요? (여자에게 존칭)	doradzić + C ~에게 조언하다, 충고하다, 추천하다
zaczynamy nowy projekt	새로운 프로젝트를 시작합시다	zaczynać + B 시작하다 + 목적격
organizuję zespół	팀을 꾸리고 있어요.	organizować + B 조직하다, 꾸리다 + 목적격
Anna ubiera się elegancko.	안나는 옷을 품위 있게 잘 입어요.	ubierać się + przysłówek (jak?) ~게(부사) 옷을 입다
wolę jego raporty niż jej raporty	그의 보고서가 그녀의 보고서보다 마음에 들어요.	woleć + B niż + B ~을 ~보다 선호하다 (목적격) woleć coś niż coś
wygląda bardzo profesjonalnie	매우 전문적으로 보입니다	wyglądać + przysłówek (jak?) ~게(부사) 보이다 (외양)
do twarzy jej w żakiecie	이 정장이 그녀에게 잘 어울려요 (얼굴에 잘 받아요)	komuś jest do twarzy w czymś (옷차림)이 ~에게 얼굴에 잘 받다 = ktoś ładnie w czymś wygląda
To jest to!	바로 이겁니다!	
ciekawie	흥미롭게	przysłówek(부사); ciekawie, ciekawiej, najciekawiej

IV. Proszę odpowiedzieć na pytania:
질문에 대답하세요:

1. Jaki problem ma pan Jacek?
2. Kto dobrze pisze raporty?
3. Co Anna robi ciekawie?
4. Jak ubiera się Anna?
5. Jaki jest Andrzej?
6. Kto będzie w zespole pana Jacka?

V. Proszę odegrać dialog z koleżanką/kolegą. Proszę zmienić informacje w podkreślonych miejscach na te podane w ramce lub zaproponować inne:
친구들과 역할극을 해보세요. 밑줄 친 부분을 아래 표에 있는 내용으로 바꾸거나 다른 표현을 사용하여 말해 보세요.

uprzejmie traktować kolegów miło uśmiechać się szybko pracować
ładnie/ profesjonalnie/elegancko/przyjaźnie wyglądać dokładnie/mądrze tłumaczyć
wesoło/głośno śmiać się głośno mówić często/rzadko uczyć się
mądrze/wolno/szybko mówić
ubierać się modnie/wygodnie/elegancko/ładnie/nieładnie/ciepło

GRAMATYKA (문법) – PRZYSŁÓWEK (부사)

<table>
<tr><th colspan="6">PRZYSŁÓWEK(관계부사): JAK? GDZIE? KIEDY?</th></tr>
<tr><th colspan="6">przymiotnik(형용사) → przysłówek(부사)</th></tr>
<tr><td>-i, -y → -o

szybki → szybko</td><td>szybko
ciepło
deszczowo
blisko
prosto
komfortowo
twardo
wysoko</td><td>jasno
zimno
wesoło
daleko
cicho
głupio
brzydko
nisko</td><td>ciemno
chłodno
biało
prędko
elegancko
lekko
późno</td><td>śmiało
gorąco
drogo
łatwo
interesująco
ciężko
często</td><td>nieśmiało
sucho
tanio
zdrowo
dużo
miękko
rzadko</td></tr>
<tr><td>-ry → -rze

dobry → dobrze</td><td colspan="5">dobrze mądrze</td></tr>
<tr><td>-ny → -nie

modny → modnie</td><td colspan="5">modnie wygodnie smacznie upalnie mroźnie ładnie wcześnie</td></tr>
<tr><td colspan="6">UWAGA:</td></tr>
<tr><td colspan="6">konny → konno   wolny → wolno   wilgotny → wilgotno   trudny → trudno
zły → źle   zwykły → zwykle   trwały → trwale   stary → staro</td></tr>
</table>

GRAMATYKA (문법) – STOPNIOWANIE PRZYSŁÓWKÓW (부사의 비교급)

STOPNIOWANIE PRZYSŁÓWKÓW (비교급 부사) – SYNTETYCZNE			
alternacje	stopień równy	st. wyższy (-ej)	st. najwyższy (naj-)
ą : ę	gorąco	goręcej	najgoręcej
o : e	wesoło	weselej	najweselej
a : e	biało	bielej	najbielej
d/dz : dz'	bardzo	bardziej	najbardziej
g : ż	drogo	drożej	najdrożej
s : ż	blisko	bliżej	najbliżej
k : c'	szybko	szybciej	najszybciej
d : dz	prędko	prędzej	najprędzej
ł : l	ciepło	cieplej	najcieplej
n : n'	wolno	wolniej	najwolniej
sn : śn'	jasno	jaśniej	najjaśniej
r : rz	staro	starzej	najstarzej
w : w'	łatwo zdrowo	łatwiej zdrowiej	najłatwiej najzdrowiej
st : ść	prosto	prościej	najprościej
ch : sz	cicho	ciszej	najciszej

STOPNIOWANIE PRZYSŁÓWKÓW (비교급 부사) – OPISOWE (2음절 이상)		
elegancko interesująco	bardziej/mniej elegancko bardziej/mniej interesująco	najbardziej/najmniej elegancko najbardziej/najmniej interesująco

VI. Proszę utworzyć przysłówki od podanych przymiotników.
주어진 형용사로 부사를 만들어보세요

예시 szybki → *szybko*

wolny	cichy	gorący	bliski
zły	dobry	prosty	trudny
duży	zdrowy	niebieski	łatwy
biały	wesoły	wysoki	niski
jasny	śmiały	trwały	modny
elegancki	inteligentny	deszczowy	suchy
zimny	stary	młody	lekki
wczesny	częsty	drogi	zielony
czerwony	komfortowy	piękny	brzydki
czarny	tolerancyjny		

UWAGA! 주의

dobrze → lepiej → najlepiej
źle → gorzej → najgorzej
dużo → więcej → najwięcej
mało → mniej → najmniej
lekko → lżej → najlżej

VII. Proszę połączyć przysłówki z ich przeciwieństwami.
주어진 부사를 반대말과 연결해 보세요.

0. wesoło	a. młodo
1. źle	b. *smutno*
2. szybko	c. trudno
3. staro	d. głupio
4. mądrze	e. ciemno
5. upalnie	f. dobrze
6. wilgotno	g. ciężko
7. cicho	h. sucho
8. jasno	i. wolno
9. łatwo	j. rzadko
10. lekko	k. mroźnie
11. często	l. głośno

GRAMATYKA (문법) – UŻYCIE PRZYSŁÓWKÓW (비교급 부사의 용례)

PRZYSŁÓWEK (부사) + CZASOWNIK (동사)	
Haram pięknie śpiewa. *Mira elegancko się ubiera.* *Marta ładnie wygląda.*	
STOPIEŃ WYŻSZY (비교급) + NIŻ + (M)	**STOPIEŃ WYŻSZY (비교급) + OD + (D)**
Haram śpiewa *ładniej* ***niż Marta.***	*Haram śpiewa* ***ładniej*** *od Marty.*
STOPIEŃ NAJWYŻSZY + W + (Ms)	**STOPIEŃ NAJWYŻSZY + Z(E) + (D)**
Haram śpiewa *najładniej* ***w grupie.***	*On śpiewa* ***najładniej*** *ze wszystkich studentów.*

VIII. Proszę uzupełnić zdania.
문장을 완성하세요.

długo cicho dużo zdrowo modnie elegancko wilgotno gorąco często

1. Mira mówi __________, bo jest bardzo nieśmiała. Andrzej mówi __________ od Miry, a Mateusz mówi __________ w zespole.
2. Wczoraj było 28°C, więc było __________. Dzisiaj jest 30°C, więc jest __________ niż wczoraj, ale w środę będzie 35°C, będzie __________.
3. Jacek ubiera się __________ – zawsze nosi garnitur i krawat. Mira ubiera się __________ niż Jacek. Anna ubiera się __________ w firmie.
4. Chcę być zdrowym człowiekiem, dlatego __________ jem i __________ uprawiam sport. Mój brat uprawia sport __________ ode mnie. Moja siostra je __________ od nas. Mama i tata jedzą __________ i uprawiają sport __________ z całej rodziny.
5. Mateusz pracuje __________, 8 godzin, ale Anna pracuje __________ niż Mateusz, bo 9 godzin. Jacek pracuje__________, aż 12 godzin!

IX. Proszę porozmawiać z koleżanką/kolegą.
친구들과 토론해보세요.

Co dla ciebie znaczy:

1) ubierać się wygodnie
2) wyglądać ładnie
3) wyglądać zdrowo
4) ubierać się modnie
5) ciężko pracować
6) komfortowo żyć, mieszkać
7) dobrze mówić
8) wyglądać profesjonalnie
9) dobrze się uczyć
10) dobrze zarabiać

A *Co dla ciebie znaczy ubierać się wygodnie?*
B *Ubierać się wygodnie to dla mnie znaczy nosić dres i adidasy. Ubierać się niewygodnie to znaczy nosić szpilki i spódnicę.*

X. Proszę posłuchać nagrania, a następnie zdecydować, czy zdania są prawdziwe (P) czy fałszywe (F).
녹음을 듣고 참(P)인지, 거짓인지(F) 고르세요.

0. Najlepiej w Polsce zarabiają bankierzy.	P	(F)
1. W Polsce programiści zarabiają najwięcej.	P	F
2. Pielęgniarka dostaje mniej pieniędzy niż kelner.	P	F
3. Policjanci zarabiają dużo.	P	F
4. Praca urzędnika jest bezpieczna.	P	F

XI. Proszę poszukać w tekście przysłówków i nazw zawodów, a następnie uzupełnić tabelkę.

본문에서 부사와 직업명을 찾아서 표의 빈칸을 채워보세요.

Kto w Polsce zarabia najlepiej, a kto najgorzej?

Według rankingu „Strefa Biznesu", w Polsce bardzo dobrze zarabiają biznesmeni, bankierzy i menadżerowie. Więcej od nich dostają prawnicy i księgowi. Lekarze, którzy pracują w prywatnych szpitalach, też są wysoko w tym rankingu, razem z inżynierami, dentystami i architektami. Ale oczywiście najlepiej ze wszystkich kont pracowników wyglądają konta bankowe programistów. Pensja programisty to średnio nawet 9000 złotych na miesiąc!

Niestety, są też ważne i potrzebne zawody, w których ludzie pracują ciężko, a zarabiają mało. Gazeta „Polska Times" opublikowała listę najgorzej opłacanych zawodów w Polsce. Pielęgniarka otrzymuje niższą pensję od listonosza, kasjera i kelnera. Trochę więcej pieniędzy zarabia młody nauczyciel bez doświadczenia. Wypłata fizjoterapeuty wynosi około 1800 złotych, czyli mniej niż kucharza czy lingwisty. Mało zarabia też młody policjant. Urzędnik w ratuszu może czuć się bezpiecznie w miejscu pracy, a dostaje więcej pieniędzy niż policjant.

– Na podstawie: dziennikbaltycki.pl, dziennikzachodni.pl, businessinsider.com.pl, strefabiznesu.pl i polskatimes.pl.

zarabiać = dostawać/otrzymywać pieniądze/wypłatę/pensję

pensja = wypłata, pieniądze ranking= lista

dobrze/źle opłacany zawód = praca, za którą dostaje się dużo/mało pieniędzy

PRZYSŁÓWKI 부사

		najbardziej
	więcej	
mało		
	lepiej	
wysoko		
		najgorzej
	bezpieczniej	

ZAWODY 직업

liczba pojedyncza, r.m.	liczba mnoga, r.m.
biznesmen	
	bankierzy
	menadżerowie

GRAMATYKA (문법)

ODMIANA RZECZOWNIKÓW r. m. zakończonych na –A - A로 끝나는 남성 사람명사의 변화형		
M	artysta, kierowca	artyści, kierowcy s:ś, t:ci
D	artysty, kierowcy	artystów, kierowców
C	artyście, kierowcy s:ś, t:ci	artystom, kierowcom
B	artystę, kierowcę	artystów, kierowców
N	artystą, kierowcą	artystami, kierowcami
Ms	artyście, kierowcy s:ś, t:ci	artystach, kierowcach
W	artysto! kierowco!	artyści! kierowcy! s:ś, t:ci
artysta, poeta, pianista, dentysta, dyplomata, terapeuta, kierowca, sprzedawca		

XII. Proszę porozmawiać z koleżanką/kolegą i zapytać:
친구들과 대화하고, 질문해보세요.

1. Jak myślisz, w jakim zawodzie zarabia się najlepiej, a w jakim najgorzej? W jakich zawodach ludzie stresują się najbardziej, a w jakich najmniej?
2. Jakie zawody preferują młodzi ludzie w Korei? Jakich zawodów unikają? W jakim zawodzie chciałabyś/chciałbyś pracować, a w jakim nie? Dlaczego?

A *Myślę, że w Korei najlepiej zarabiają dentyści, bo oni dostają nawet 20 000 dolarów na miesiąc.*
B *A ja myślę, że najlepiej zarabiają nauczyciele, bo...*

XIII. Proszę wybrać poprawną odpowiedź.
알맞은 답을 고르세요.

0. Ola ma dobrą pamięć, ładnie i głośno mówi, i pracuje w teatrze. Ona jest (*aktorką* /bankierem / śpiewaczką).
1. W tym biurze pracują (programiści / menadżerowie / lingwiści). Oni znają wiele języków: polski, koreański, chiński i angielski.
2. Julia pracuje w aptece. Ona jest (architektem / farmaceutką / prawnikiem).
3. Znasz Michała, tego miłego (inżyniera / listonosza / fizjoterapeutę), który pracuje w tym szpitalu i pomaga pacjentom?
4. Piotr jest utalentowanym (pianistą / artystą / aktorem). W galerii sztuki można oglądać jego nowe obrazy.
5. Tomasz skończył studia medyczne, czyli medycynę, więc teraz pracuje jako (dyrektor /lekarz / lingwista).

XIV. Proszę przeczytać wpis na blogu i wykonać zadania.
아래 블로그를 읽고 과제를 수행하세요.

mojblogomodzie/polska/modnie_czy_wygodnie

O mnie | Poprzednie wpisy | Udostępnij

Cześć! Mam na imię Sophie – po polsku Zosia – i jestem z Francji. Mieszkam w Polsce już pięć lat. Studiuję design na Akademii Sztuk Pięknych w Warszawie i interesuję się modą i polską kulturą

Jak ubierają się Polacy – modnie czy wygodnie?

Dodano: środa, 11 stycznia 2020

Każdy chyba zna takie sławne francuskie nazwiska, jak Chanel, Dior czy Givenchy. Francuzi uwielbiają modę! A co Polacy myślą o modzie? Jak się ubierają?
Polacy często ubierają się na czarno, niebiesko, brązowo. Styl i gust zależą od wielu rzeczy: wieku, miejsca zamieszkania, płci...
Myślę, że Polki ubierają się z klasą, elegancko, ale też modnie, bo znają najnowsze trendy. Polki kupują odzież mądrze i oszczędnie. Moja przyjaciółka Magda zwykle nosi ładne ubrania, a w weekendy albo na randkę ubiera się bardzo atrakcyjnie, jak na bal!
Polacy prezentują się trochę gorzej niż Polki, bo mężczyźni wolą ubierać się wygodnie, a nie – modnie i elegancko. Niektórzy polscy mężczyźni wybierają niemodne, luźne swetry, dresy i stare adidasy, jak mój przyjaciel, Marek (29 lat).

„A co Wy sądzicie o stylu Polek i Polaków? Czekam na Wasze komentarze!"

Trudne słowa

- miejsce zamieszkania – adres: 거주지-주소
- ubierać się z klasą: 격식을 갖춰 옷을 입다
- gust: 취향, 기호
- bal: 무도회, 댄스파티

A. Proszę podkreślić zdanie niezgodne z tekstem.
본문의 내용에 **부합하지 않는** 문장을 고르세요.

① Sophie jest Francuzką i mieszka w Warszawie.
② Sopie uważa, że Polki ubierają się niełądnie, a Polacy modnie.
③ Sophie uważa, że wiek i płeć wpływają na styl.
④ Sophie pisze blog o modzie i stylu.

B. Proszę podkreślić zdanie zgodne z tekstem.
본문의 내용에 **부합하는** 문장을 고르세요.

① Sophie nie podoba się styl Polek.
② Marek ma 19 lat i ubiera się elegancko.
③ Magda zwykle ubiera się ładnie.
④ Polki ubierają się gorzej niż Polacy.

C. Proszę odpowiedzieć na pytania.
질문에 대답하세요.

1. Jakie ubrania nosi Pani/Pan w zwyczajne dni, a jakie w weekend?
2. Jak ubierają się młodzi Koreańczycy, a jak starsi?
3. Czy uważa Pani/Pan, że warto kupować drogie ubrania w sklepach firmowych? Dlaczego?
4. Jak ubiera się Pani/Pana ulubiony celebryta, aktor lub piosenkarz?

XV. Proszę napisać krótki wpis na blog o tym, jak ubierają się Koreańczycy. (100 słów) 한국인의 옷차림에 대해 블로그에 짤막한 글을 써보세요. (100자)

modawkorei.pl

modawkorei.pl

O mnie | Poprzednie wpisy | Udostępnij

Cześć! Mam na imię ______________________________

____

Jak ubierają się Koreańczycy?

Dodano:

____

____

____

____

____

____

____

____

____

____

____

____

____

____

____

Test (평가)

Co można wpisać w puste miejsce (______)?
빈칸에 들어갈 수 있는 것은?

0. Ubierać się w modne ubrania to znaczy ubierać się ______.
① *modnie*
② modny.
③ modą.
④ modni.

1. Mateusz mówi ______ i ______.
① szybki i ładny.
② szybko i ładnie.
③ szybcy i ładni.
④ szybka i ładna.

2. Agnieszka biega ______ od Pawła.
① szybko
② najszybciej.
③ szybka.
④ szybciej.

3. Fryderyk Chopin jest polskim ______, a Czesław Miłosz jest polskim ______.
① pianista - poeta
② pianisty - poety
③ pianiście - poecie
④ pianistą - poetą

4. Marta śpiewa ______ w całej klasie.
① ładna
② ładnie
③ ładniej
④ najładniej

5. Haram uczy się pilniej ______ Marta.
① od
② razem z
③ z
④ niż

6. - ______ ubierają się Szwedzi? – Ciepło i wygodnie.
① Czym
② Gdzie
③ Jak
④ Co

Czy wiesz, że...

알고 있나요...

폴란드에서는 모든 학교에서 교복이 의무화된 것은 아닙니다. 대부분의 중고생들은 자신이 원하는 옷을 입고 학교에 다닙니다. 하지만 국경일이라든지 공식적인 행사가 있을 때, 또는 구두시험이 있는 날은 정장을 갖춰 입습니다. 정장이란 어떤 옷을 의미할까요? 남자의 경우에는 흰 셔츠와 재킷, 그리고 어두운 색깔(주로 검은색이나 남색)의 바지를 말합니다. 여자들은 특별한 날에 밝은 색깔의 우아한 블라우스와 짙은 색깔의 고상한 바지(청바지는 안 됩니다) 또는 무릎까지 오는 치마를 입습니다. 신발도 구두를 신어야 하며, 정장에는 운동화를 신지 않습니다. 시험 기간에는 중고생뿐 아니라 대학생들도 정장을 갖춰 입습니다. 선생님이나 교수님에게 존경을 표시하기 위해서입니다.

W Polsce nie we wszystkich publicznych szkołach obowiązują mundurki, więc zwykle uczniowie mogą ubierać się tak, jak chcą. Ale w specjalne dni, takie jak święta narodowe, podczas oficjalnych imprez, a także podczas egzaminów obowiązuje strój galowy. Co to znaczy? Strój galowy panów to biała koszula, marynarka i spodnie w ciemnym kolorze (najczęściej czarne lub granatowe). Panie na specjalne okazje zakładają jasną, elegancką bluzkę i ciemne, eleganckie spodnie (nie dżinsy) lub spódnicę do kolan. Buty też muszą być eleganckie – nie nosimy adidasów do stroju galowego. Strój galowy noszą nie tylko uczniowie, ale też dorośli studenci podczas egzaminów – tak okazujemy szacunek naszym nauczycielom i profesorom.

특정한 의복을 벗음으로써 예의를 갖추는 경우도 있는데요, 예를 들어 건물에 들어갈 때는 모자를 벗습니다. 폴란드에서는 이러한 관습이 주로 남자들에게 적용됩니다. 도서관이나 극장, 박물관 같은 공공시설이나 기관에 입장할 때는 코트나 점퍼, 모자를 의류보관소에 맡겨야 합니다.

Szacunek okazujemy, kiedy nie nosimy pewnych ubrań, np. kiedy wchodzimy do budynku, ściągamy czapkę. W Polsce ten zwyczaj obowiązuje szczególnie mężczyzn. W wielu instytucjach (np. w bibliotekach, w teatrze, w muzeum) po wejściu do budynku, płaszcze, kurtki i czapki zostawiamy w szatni.

NOTATKI

LEKCJA

4

Które mieszkanie wybrać?

어떤 집을 선택할까요?

학습목표

- 주거 건물의 유형, 공간의 명칭, 아파트 내 구조 및 설비에 대해 말할 수 있다.
- 주택 및 아파트 임대와 관련된 표현을 익힌다.

1 .**Proszę popatrzeć na fotografie. W którym pokoju chciałaby Pani/chciałby Pan mieszkać? Dlaczego?**
위의 사진을 보세요. 어떤 집에 살고 싶은가요?

2. **Czy studenci w Korei mieszkają w akademiku, czy wynajmują mieszkania lub pokoje? Dlaczego?**
한국 학생들은 주로 기숙사에서 사나요, 아니면 따로 방이나 아파트를 임대하나요? 그 이유는 무엇인가요?

3. **Jak długo młodzi ludzie mieszkają z rodzicami? Dlaczego?**
젊은 세대는 언제까지 부모님과 함께 사나요? 이유는 뭘까요?

Dialog (대화)

Mira Yun i Jacek Nowak spotykają się w firmie, wsiadają do windy.

Jacek Nowak Dzień dobry, na które piętro pani jedzie?

Mira Yun Dzień dobry, na piąte.

Jacek Nowak Świetnie, ja też. Widzę, że ma pani ulotkę z biura nieruchomości... Szuka pani mieszkania?

Mira Yun Tak, muszę się przeprowadzić. Moje mieszkanie jest przytulne, nowoczesne i dobrze wyposażone, ale jest za daleko od firmy, dojeżdżam do centrum godzinę autobusem, a potem metrem. Dlatego chcę wynająć mieszkanie w lepszej lokalizacji.

Jacek Nowak No tak... To rzeczywiście daleko. Ooo, winda już jest na piątym piętrze, wysiadamy. A szukała pani w Internecie?

Mira Yun Tak, ale ja nie mam czasu, żeby czytać wszystkie ogłoszenia, dzwonić, umawiać się na spotkania, a potem jeździć po całym mieście.

Jacek Nowak A jakie mieszkanie chciałaby pani wynająć?

Mira Yun Zawsze marzyłam o dużym mieszkaniu trzypokojowym z kuchnią, salonem z tarasem, chciałabym mieć dwie łazienki i dużą garderobę. Chciałabym mieszkać na ostatnim piętrze w kamienicy i mieć piękny widok z okien. Ale czynsz i opłaty za takie mieszkanie są bardzo wysokie...

Jacek Nowak Właśnie, a poza tym trzeba zapłacić kaucję za mieszkanie i jest jeszcze opłata dla biura nieruchomości.

Mira Yun To może lepiej kupię samochód i będę dojeżdżać samochodem.

Jacek Nowak Albo lepiej pomyśleć o małym, dwupokojowym mieszkaniu w bloku w centrum miasta.

Na które piętro pani jedzie?	몇 층에 가세요?(여성에게 존칭)	
Ulotka z biura nieruchomości.	부동산 전단지	
Muszę się przeprowadzić.	나는 이사를 가야 해요.	musieć + bezokolicznik
Dojeżdżam do centrum.	나는 도심까지 가요.	dojeżdżać do + D
Chcę wynająć mieszkanie w lepszej lokalizacji.	나는 좀 더 좋은 위치에 있는 집을 임대하고 싶어요.	wynająć (dk) / wynajmować (ndk) + B
To rzeczywiście daleko.	정말 머네요.	
Ogłoszenia	공고, 게시물	ogłoszenie
jeździć po całym mieście	도시 전체를 돌아다니다.(차를 타고).	
Czynsz i opłaty za takie mieszkanie są wysokie.	그런 집의 임대료와 비용은 비싸요.	czynsz za + B opłata za + B
w kamienicy w bloku	연립주택에(도시에 있는 석조 건물) 아파트에	kamienica blok
Właśnie	맞아요. 그렇죠.(상대방에게 맞장구칠 때)	
zapłacić kaucję za mieszkanie	아파트 보증금을 지불하다	kaucja za +B

I. Proszę podkreślić zdania, które są zgodne z dialogiem.
대화의 내용에 부합하는 문장을 고르세요.

a. Pani Mira i pan Jacek rozmawiają w windzie.

b. Pani Mira i pan Jacek jadą na piąte piętro.

c. Pani Mira ma ulotkę biura turystycznego.

d. Pani Mira lubi swoje mieszkanie.

e. Mieszkanie pani Miry jest niedaleko firmy.

f. Pani Mira jeździ do pracy autobusem i metrem.

g. Pani Mira szuka mieszkania bliżej firmy.

h. Czynsz i opłaty za duże mieszanie są niskie.

i. Pani Mira nie ma samochodu.

UWAGA!

mieszkanie dwupokojowe
= dwa pokoje + kuchnia + łazienka

mieszkanie trzypokojowe
= trzy pokoje + kuchnia + łazienka

II. Oto plan wymarzonego mieszkania pani Miry, proszę podpisać pomieszczenia. 이것은 미라 씨가 원하는 집의 도면입니다. 각 공간에 명칭을 써 넣으세요.

sypialnia, gabinet, kuchnia z salonem, taras, przedpokój, garderoba, łazienka, wejście

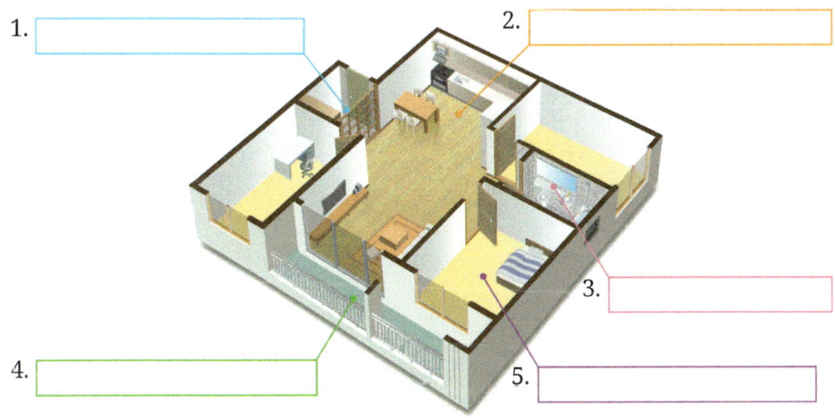

Blok	Kamienica	Dom parterowy	Dom piętrowy

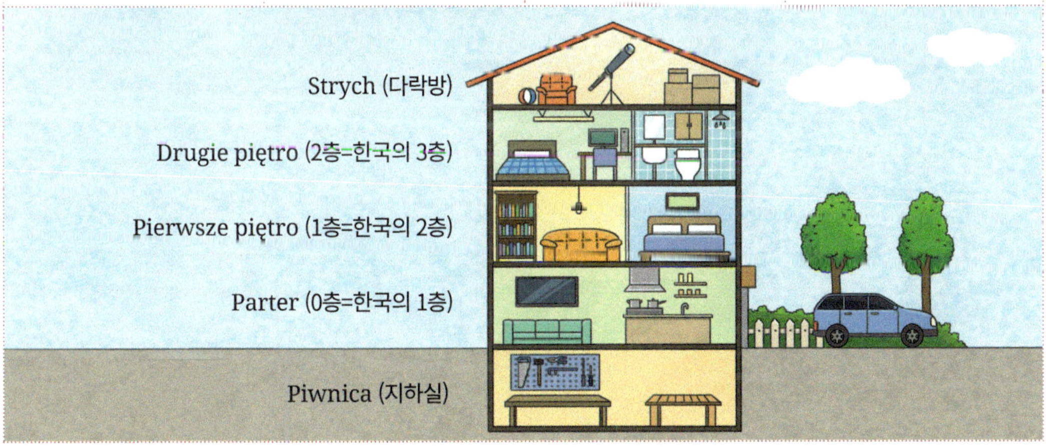

III. Co to jest? Proszę podpisać meble i sprzęty.
이것은 무엇입니까? 가구와 물품의 명칭을 써 보세요.

~~szafa~~, regał, szafka kuchenna, półka, dywan, fotel, kanapa, wanna, prysznic, umywalka, zlew, wieszak, biurko, pralka, zmywarka, kuchenka, deska do prasowania, deska do krojenia, mikrofalówka, toster, odkurzacz, ekspres do kawy, stół, stolik, obraz

1. *szafa*

2. ______

3. ______

4. ______

5. ______

6. ______

7. ______

8. ______

9. ______

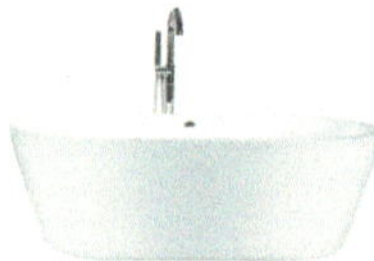
10. ______

11. ______

12. ______

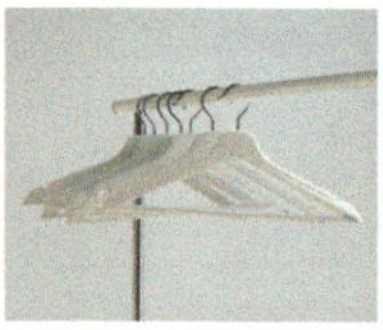
13. ______

14. ______

15. ______

16. ______

17. ______

18. ______

19. ______

20. ______

21. ______

22. ______

23. ______

24. ______

IV. Proszę zdecydować, jakie meble i sprzęty powinny być w mieszkaniu.
집의 각 공간에 어떤 가구와 물품이 놓여있어야 할지 결정해 보세요.

Łazienka	Sypialnia	Kuchnia
______, ______	______, ______	______, ______
______, ______	______, ______	______, ______

Salon	Przedpokój	Gabinet
______, ______	______, ______	______, ______
______, ______	______, ______	______, ______

V. Proszę porozmawiać z koleżanką/kolegą, jak chcielibyście umeblować swoje mieszkanie. Można zacząć tak: 자신의 집에 가구나 가전제품 등을 어떻게 배치하고 싶은지 친구들과 이야기를 나누어 보세요. 보기처럼 대화를 시작해 보세요.

A *W łazience chciałabym/chciałbym mieć dużą wannę i pralkę. A ty?*
B *Ja wolę brać prysznic niż kąpać się, więc chciałabym mieć w łazience prysznic, a pralkę wolę mieć w kuchni. W salonie.....*

VI. Aleksander – bratanek pana Jacka – opisuje rodzinny dom. Proszę posłuchać i wybrać poprawną odpowiedź.
야첵 씨의 조카인 알렉산더가 가족들과 살고 있는 집을 묘사하고 있어요. 내용을 듣고 정답을 고르세요.

0. Dom jest:

① *piętrowy* ② parterowy ③ mały

1. Ogród jest:

① przed domem ② za domem ③ obok domu

2. Dziadkowie mieszkają

① na strychu ② w salonie ③ na parterze

3. Wujek Jacek

① jest na wakacjach ② odwiedza dziadków w wakacj ③ ma gabinet na parterze

4. Pokoje Aleksandra i jego rodzeństwa są na:

① strychu ② drugim piętrze ③ pierwszym piętrze

5. Aleksander gra w piłkę:

① w ogrodzie ② w piwnicy ③ na strychu

6. W piwnicy są:

① stare sprzęty ② rowery ③ pralka i zmywarka

GRAMATYKA (문법) – LICZEBNIKI PORZĄDKOWE(서수).

VII. Proszę uzupełnić poprawnymi formami.
빈칸에 올바른 형태를 써 보세요.

NUMER	LICZEBNIK GŁÓWNY	LICZEBNIK PORZĄDKOWY		
		RODZAJ MĘSKI	RODZAJ ŻEŃSKI	RODZAJ NIJAKI
1	*jeden*	*pierwszy*	*pierwsza*	*pierwsze*
2			*druga*	
3		trzeci		*trzecie*
4				*czwarte*
5	*pięć* **ę:ą**		*piąta*	
6		*szósty*		
7	**e:ó**		*siódma*	
8	**o:ó**	*ósmy*		
9	**ę:ą**			*dziewiąte*
10	**ę:ą**	*dziesiąty*		
11	**ści:st**		*jedenasta*	
12	**ści:st**	*dwunasty*		

VIII. Proszę wybrać poprawną formę.
형태가 바른 것을 고르세요.

0. To jest (*pierwsze* / jeden / pierwszego) piętro.

1. Ten dom ma (dwa / drugie / drugi) piętra.

2. Piotr szybko pływa, zawsze jest (pierwsza / pierwszy / jeden) na mecie.

3. Jesteśmy (piąta / pięć / piąty) raz w Korei.

4. Jest już godzina (osiem / ósma / ósmej), wstawaj, bo spóźnisz się do szkoły!

5. Pan Jacek to (drugi / drugie / dwa) dziecko państwa Nowaków.

6. Ten dom ma numer (dziesięć / dziesiąty / dziesiąte).

GRAMATYKA (문법) – LICZEBNIKI PORZĄDKOWE(서수).
(ODMIANA TAK JAK PRZYMIOTNIK 형용사처럼 변화)

M	pierwszy	pierwszy	pierwsza	pierwsze = **B, W**
D	pierwszego	pierwszego	pierwszej = **Ms, C**	pierwszego
C	pierwszemu	pierwszemu	pierwszej	pierwszemu
B	pierwszego	pierwszy	pierwszą = **N**	pierwsze
N	pierwszym	pierwszym	pierwszą	pierwszym
Ms	pierwszym	pierwszym	pierwszej	pierwszym
W	pierwszy	pierwszy	pierwsza	pierwsze

IX. Proszę wybrać poprawną formę.

형태가 바른 것을 고르세요.

0. Kancelaria jest na (trzeci / *trzecim* / trzeciego) piętrze
1. Winda jedzie na (trzecie / trzeciego / trzecim) piętro.
2. Biuro jest na (piątym / piąte / piątego) piętrze.
3. Opowiadam o (piątej / piątą / piąta) części komiksu „Kajko i Kokosz"
4. Znam go od (pierwsza / pierwszej / pierwszą) klasy.
5. Studiujemy na (drugi / drugiego / drugim) roku.

UWAGA!

Czasowniki statyczne

jestem / mieszkam / mieszkanie jest na + Ms
na parterze, na piątym piętrze

Czasowniki dynamiczne

idę po schodach na / jadę windą na + B
winda jedzie na + B
na parter, na piąte piętro

Zaimek który, która, które
(jak przymiotnik)

Które to jest piętro?
Z **którego** piętra jedziesz?
Któremu piętru się przyglądasz?
Na **które** piętro idziesz?
Pod **którym** piętrem w domu jest parter?
Na **którym** piętrze mieszkasz?

X. Proszę zadać pytanie o podkreślone słowo.
밑줄 친 단어에 대한 질문을 해 보세요.

0. - Spotkamy się na **piątym** piętrze.
   - *Na którym piętrze się spotkamy?*
   - Na piątym.

1. - Kancelaria jest na **szóstym** piętrze.
   - ______________________________?
   - Na szóstym.

2. -To jest **pierwsze** piętro.
   - ______________________________?
   - Pierwsze.

3. - Winda jedzie na **dziewiąte** piętro.
   - ______________________________?
   - Na dziewiąte.

4. - Pracuję na **ostatnim** piętrze w tym budynku.
   - ______________________________?
   - Na ostatnim.

5. - Strych jest nad **ostatnim** piętrem.
   - ______________________________?
   - Nad ostatnim.

6. - Nie mam **szóstej** części tej książki.
   - ______________________________?
   - Szóstej.

7. - Oni rozmawiają o **pierwszym** egzaminie z języka polskiego.
   - ______________________________?
   - O pierwszym.

8. - Oni idą na **trzecie** piętro.
   - ______________________________?
   - Na trzecie.

XI. Proszę przeczytać ogłoszenia zamieszczone w biurze nieruchomości *Mieszkanie marzeń*, a następnie wykonać zadania A i B. „꿈의 집" 부동산에 등록된 공고를 읽어본 후에, 과제 A, B를 수행하세요.

Biuro nieruchomości *Mieszkanie marzeń*
Czynne od poniedziałku do piątku od 10.00 do 18.00, tel. 608 567 890

Oferta nr 1

Trzypokojowe mieszkanie w dobrej lokalizacji, parter. Mieszkanie w pełni umeblowane i wyposażone: pralka, zmywarka, kuchenka, piekarnik, duże łóżko podwójne, łóżko pojedyncze, kanapa, biurko. W najbliższej okolicy szkoła, szpital, przystanki tramwajowe i autobusowe, blisko do parku i do zoo. Bezpłatne miejsce parkingowe.
Czynsz: 2000 zł +opłaty za media
Kontakt: 607 346 543

Oferta nr 2

Mieszkanie dwupokojowe z balkonem w nowym bloku, bezpieczne osiedle, ochrona całodobowa. Kuchnia ze sprzętem AGD, garnki, naczynia. W pokojach łóżka pojedyncze. Łazienka po remoncie.
Niedaleko sklep osiedlowy, przystanek autobusowy, dobra komunikacja z centrum miasta.
Opłaty: czynsz 1000 zł + opłaty za prąd, wodę i centralne ogrzewanie.
Wolne od 1 października.
kontakt: monika@op.pl

Oferta nr 3

Kawalerka, 28 m^2 (kuchnia, pokój, łazienka), blok, szóste piętro, winda. Mieszkanie w pełni wyposażone, dostępne od 1 października. Czas wynajęcia to 12 miesięcy. Szybki dojazd do centrum (blisko metro), niedaleko centrum handlowe, restauracje i kluby.
Opłata za czynsz: 800 zł, prąd, woda, wywóz śmieci około 200 zł.
Kaucja: 1000 zł.
Kontakt: pawel@interia.pl

Oferta nr 4

Do wynajęcia wyremontowane **dwupokojowe mieszkanie** na piątym piętrze. Mieszkanie znajduje się w bloku w centrum miasta. Blisko stacja metra, restauracje, sklepy.
Czynsz:1800 zł + woda i prąd, c.o.
Kontakt: magda@tlen.pl

Oferta nr 5

Polecam **luksusowe mieszkanie** w kamienicy na trzecim piętrze w centrum. Widna kuchnia z salonem, trzy pokoje. Mieszkanie umeblowane i wyposażone w wysokim standardzie.
Czynsz: 3000 zł +media
Kaucja: 3000 zł
Kontakt: 504 567 876

A. Proszę połączyć słowa z definicjami. Słowa nieznane proszę znaleźć w słowniku. 주어진 단어의 뜻을 찾아 연결해 보세요. 모르는 단어는 사전에서 찾아보세요.

0. *całodobowa* ----------	a. *przez 24 godziny (non stop, cały czas)*
1. osiedle	b. wywiezienie odpadów (niepotrzebnych rzeczy)
2. sprzęt AGD	c. jasna
3. remont	d. to pralka, lodówka, toster...
4. wywóz śmieci	e. kilka budynków (domów, bloków) blisko siebie, w jednym miejscu
5. widna	f. naprawa, prace renowacyjne (remont domu, mieszkania, budynku)

B. Proszę porozmawiać z koleżanką/kolegą i zdecydować, kto i dlaczego może odpowiedzieć na ogłoszenia biura nieruchomości *Mieszkanie marzeń*. „꿈의 집" 부동산에 등록된 공고를 보고, 어떤 집이 누구에게, 왜 적합한지 친구들과 토론해서 정해 보세요.

1) Pani Mira, oferta nr________

2) małżeństwo z dzieckiem, oferta nr________

3) dwie studentki, oferta nr________

4) student z zagranicy, który będzie w Polsce od października do sierpnia), oferta nr ________

XII. Proszę uzupełnić ogłoszenie słowami z ramki.

주어진 단어들을 활용하여 공고를 완성하세요.

umeblowane piętrze opłaty dwupokojowe ogrzewanie osiedlowy AGD bezpłatne

Mieszkanie *dwupokojowe* [0] z balkonem, w nowym bloku na drugim ______ [1] (bez windy). Spokojna okolica, niedaleko park, sklep ______ [2], szkoła i szpital. Dobra lokalizacja, blisko przystanek autobusowy. Miejsce parkingowe ______ [3]. Mieszkanie po remoncie, ______ [4], kuchnia ze sprzętem ______ [5], w sypialniach łóżko podwójne i pojedyncze, w salonie kanapa.

______ [6]: czynsz 2000 zł + opłaty za prąd, wodę i centralne ______ [7].

kontakt: twojdom@op.pl

XIII. Oto fragmenty rozmowy telefonicznej klientów z pracownikiem biura nieruchomości *Mieszkanie marzeń*, proszę je połączyć.

꿈의 집 부동산 직원과 고객이 전화로 나눈 대화 내용입니다. 대화가 완성되도록 연결해 보세요.

0. *Czy mieszkanie jest nowe?*
1. Czy kuchnia jest wyposażona?
2. Na którym piętrze jest mieszkanie?
3. Czy mieszkanie jest umeblowane?
4. Czy jest winda?
5. Jakie są opłaty?
6. Kiedy mogę obejrzeć mieszkanie?
7. Czy mogę wynająć mieszkanie na rok?
8. Kiedy możemy podpisać umowę wynajmu?

a. Codziennie między 18.00 a 20.00.

b. *Nie, ale jest po remoncie.*

c. Tak, właściciel planuje wynająć mieszkanie na 12 miesięcy.

d. Tak, jest lodówka, zmywarka, toster, są również naczynia.

e. Tak, w kuchni i we wszystkich pokojach są podstawowe meble.

f. Niestety nie ma, trzeba wchodzić po schodach.

g. Na trzecim.

h. W piątek rano. Proszę nie zapomnieć o dowodzie osobistym i numerze konta.

i. Czynsz to 1500 zł plus woda, prąd i centralne ogrzewanie.

XIV. Proszę pracować w parach. Student A chce wynająć mieszkanie. Student B jest pracownikiem biura nieruchomości *Mieszkanie marzeń*. Proszę zadzwonić do biura nieruchomości i zapytać o szczegóły.

두 사람이 짝을 이루어, 한 명은 집을 구하는 사람, 다른 한 명은 꿈의 집 부동산 직원의 역할을 맡으세요. 부동산에 전화를 걸어 자세한 내용을 물어 보세요.

Można zacząć tak:

A *Dzień dobry, chciałabym/chciałbym wynająć mieszkanie z oferty nr 3. Czy mogę wynająć mieszkanie na rok?*

B *Tak, czas wynajęcia to 12 miesięcy. Mieszkanie jest umeblowane…*

B ______________________________

XV. Proszę opisać ten pokój (50 słów).

이 방을 묘사해 보세요. (50자)

UWAGA!

na, w, przy + Ms	obok, koło + D
za, przed, między, nad, pod + N	na środku/w rogu + D

Ten pokój jest ______________________________

Na podłodze stoi ______________________________

____

____

____

____

Na ścianie ______________________________

____

____

____

____

____

____

Test (평가)

Co można wpisać w puste miejsce (________)?
빈칸에 들어갈 수 있는 것은?

0. Sprzęty AGD to ____________.
   ① szafa i krzesło.
   ② *pralka i odkurzacz.*
   ③ drukarka i komputer.
   ④ radio i telewizor.

1. Piwnica jest na ____________.
   ① górze domu.
   ② pierwszym piętrze.
   ③ dole domu.
   ④ strychu.

2. Wanna znajduje się w ____________.
   ① salonie.
   ② łazience.
   ③ sypialni.
   ④ kuchni.

3. Winda jedzie na ________ piętro.
   ① dziewiątego
   ② dziewiątym
   ③ dziewięć
   ④ dziewiąte

4. Moje rodzeństwo ma pokój na ________ piętrze.
   ① drugim
   ② drugiego
   ③ drugie
   ④ dwa

5. Na ________ piętrze mieszkasz?
   ① którego
   ② którym
   ③ która
   ④ które

6. Na ________ piętro wchodzisz codziennie?
   ① które
   ② którego
   ③ którym
   ④ który

Czy wiesz, że...

알고 있나요...

Parapetówka(파라페투프카)는 새집 이사를 기념해서 손님들을 맞이하는 집들이를 뜻하는 일상 용어입니다. 폴란드인들은 이사 후에 세간이 완전히 갖추어지지 않은 상태에서 이런 자리를 마련합니다. 그래서 새집에는 소파나 탁자, 의자마저 없는 경우가 많기 때문에, 손님들은 창턱(parapet)에 걸터앉거나, 그 위에 먹을 것을 올려 두곤 하지요. 손님들을 초대할 때는 이메일이나 메신저에서 메시지를 보내는 등 편리한 방법을 이용합니다. 초대받은 사람들은 집들이에 갈 때 꼭 선물을 가져가는데, 보통 실용적인 물품(꽃병, 도마, 담요, 수건, 유리컵이나 잔 세트)을 준비하고, 집주인은 술이나 간식 등, 간단한 먹거리를 대접합니다.

Parapetówka to spotkanie z okazji wprowadzenia się do nowego mieszkania lub domu. Polacy organizują takie spotkanie wtedy, kiedy mieszkanie nie jest jeszcze do końca wyposażone. W nowym mieszkaniu często nie ma kanapy, stołu ani krzeseł, więc goście mogą siedzieć na parapecie lub jedzenie może być na parapecie. Gości zaprasza się do domu w sposób nieformalny np. poprzez wysłanie maila lub wiadomości na komunikatorze. Na parapetówkę goście obowiązkowo przynoszą prezenty, które zwykle są praktyczne (wazon, deska do krojenia, koc, ręczniki, zestaw szklanek lub kieliszków), a gospodarze przygotowują poczęstunek, czyli alkohol i przekąski.

LEKCJA

5 Kiedy to było?

그게 언제였죠?

학습목표

- 날짜나 일정에 대해 말할 수 있다.
- 공적인 사안에 관해 메일을 작성할 수 있다.

1. **Czy dobrze pamięta Pani/Pan daty? Czy zapisuje Pani/Pan wszystko w swoim kalendarzu?**
   날짜를 잘 기억하는 편인가요? 아니면 캘린더에 모든 걸 메모하나요?
2. **Czy pisze Pani/Pan lub czy pisała Pani /pisał Pan kiedyś pamiętnik?** 당신은 과거에 혹은 지금 일기를 쓰고 있나요?
3. **Jakie są ważne daty w Pani/Pana życiu?**
   당신의 인생에서 중요한 날짜는 언제인가요?
4. **Kiedy ostatni raz odwiedziła Pani /odwiedził Pan swoich dziadków? Z jakiej okazji?**
   마지막으로 할머니 혹은 할아버지 댁을 방문한 게 언제인가요? 계기가 무엇이었나요?

I. Jakie to święto w Polsce? Proszę podpisać daty. W razie wątpliwości, proszę sprawdzić w Internecie. Dni zaznaczone na czerwono są w Polsce wolne od pracy.

폴란드에는 어떤 기념일과 명절이 있을까요? 아래 표와 그림을 보고 무슨 날인지 써 보세요. 잘 모르겠다면 인터넷에서 확인해 보세요. 빨간색으로 표시된 날짜는 폴란드의 공휴일입니다.

1.01	21.01	22.01	14.02
Nowy Rok			

8.03	1.05	3.05	26.05

1.06	23.06	1.11	2.11

11.11	30.11	25.12, 26.12	31.12

Dzień Ojca	~~Nowy Rok~~	Dzień Dziadka	Dzień Dziecka
sylwester	Dzień Babci	walentynki (święto zakochanych)	
Dzień Kobiet	Święto Konstytucji	Dzień Matki	andrzejki
Święto Pracy	Wszystkich Świętych	Zaduszki	Boże Narodzenie
Święto Niepodległości			

GRAMATYKA (문법) – DATY: DNI I MIESIĄCE(날짜: 일과 월)

To jest/dzisiaj jest/w sobotę jest 1.01. → Który dzień? pierwszy (M) stycznia (D)

styczeń → stycznia	maj → maja	wrzesień → września
luty → lutego	czerwiec → czerwca	październik → października
marzec → marca	lipiec → lipca	listopad → listopada
kwiecień → kwietnia	sierpień → sierpnia	grudzień → grudnia

1-10: pierwszy, drugi, trzeci, czwarty, piąty, szósty, siódmy, ósmy, dziewiąty, dziesiąty
11-19: jedenasty, dwunasty, trzynasty, czternasty, piętnasty, szesnasty, siedemnasty, osiemnasty, dziewiętnasty
20: dwudziesty
31: trzydziesty pierwszy...

II. Proszę połączyć daty z zapisem słownym.
해당하는 날짜와 연결하세요.

0. *trzydziesty pierwszy grudnia*	a. 22.01
1. pierwszy czerwca	b. 3.05
2. ósmy marca	c. 1.06
3. trzeci maja	d. 11.11
4. dwudziesty drugi stycznia	e. 14.02
5. jedenasty listopada	f. *31.12*
6. czternasty lutego	g. 8.03

III. Proszę przeczytać na głos podane daty.
날짜를 소리 내어 읽어보세요.

Dziś jest dwudziesty trzeci czerwca.

23.06	4.05	13.05	6.01	28.11	7.07	31.12
19.02	1.04	15.08	15.10	21.03	14.02	1.08

IV. Jaka to data?
날짜는 언제인가요?

1. walentynki
2. andrzejki
3. Boże Narodzenie
4. Nowy Rok
5. sylwester
6. Dzień Kobiet
7. Dzień Matki
8. Dzień Ojca
9. Święto Konstytucji
10. Zaduszki
11. Święto Niepodległości
12. twoje urodziny

A *Jaka to data – Dzień Dziadka?*
B *Dzień Dziadka to dwudziesty drugi stycznia.*

Dialog (대화)

Pan Jacek spotyka panią Mirę w firmowej kuchni. Piją kawę.

Mira Dzisiaj sobota w biurze, ale jest pan w dobrym humorze!
Jacek Tak, wczoraj miałem naprawdę bardzo dobry dzień.
Mira Ojej, ale wczoraj był piątek, trzynasty listopada!
Jacek To prawda, ale ja miałem szczęście. Wczoraj **wstałem** o 5:00. **Wziąłem** prysznic, **ogoliłem się**, **przygotowałem** śniadanie dla żony i dzieci, **zmyłem** naczynia i **wyprasowałem** moją koszulę i sukienkę mojej żony.
Mira Miał pan bardzo pracowity ranek!
Jacek Zwykle to moja żona przygotowuje śniadanie, zmywa naczynia i prasuje.
Mira Kiedy **zaczął** pan wczoraj pracę?
Jacek Wczoraj **zacząłem** pracę o 7:00 i **skończyłem** już o 15:00.
Mira O której godzinie **zjadł** pan obiad? **Nie spotkałam** pana na obiedzie.
Jacek To dlatego, że wczoraj **nie zjadłem** obiadu w pracy, tylko **wypiłem** kawę i **poszedłem** na siłownię, bo miałem dużo energii. **Kupiłem** obiad na wynos i **wróciłem** do domu o 16:00. Ja, żona i dzieci **zjedliśmy** obiad razem, potem **pomogłem** córce **odrobić** pracę domową. A wieczorem **wygrałem** 100 złotych w lotto!
Mira Gratuluję! Czy dzisiaj też **wstał** pan wcześnie?
Jacek Tak, moja żona mnie **obudziła**.

być w dobrym humorze	기분이 좋다	(M) dobry humor
piątek, trzynasty listopada	11월 13일 금요일(폴란드에서는 13일의 금요일을 아주 좋지 않은 것으로 여긴다.)	13 XI (13.11)
miałem szczęście	난 운이 좋았다(남성형).	mieć + B szczęście ≠ mieć pecha
ranek	아침	= rano
poszedłem na siłownię	나는 헬스장에 갔다(남성형).	
obiad na wynos	포장해서 가져가는 점심밥	
pomogłem córce odrobić pracę domową	나는 딸이 숙제하는 것을 도와주었다(남성형).	
wygrałem 100 złotych w lotto	나는 100즈워티 복권에 당첨되었다(남성형).	wygrać + B

V. Proszę odpowiedzieć na pytania.
질문에 답하세요.

1. Dlaczego pan Jacek jest w dobrym humorze?
2. Jaki dzień był wczoraj? Jaka to data? Jaka data była w piątek?
3. O której godzinie wstał wczoraj pan Jacek?
4. O której godzinie pan Jacek zjadł wczoraj obiad?
5. Co pan Jacek robił w piątek po południu?

VI. Proszę uporządkować plan pana Jacka w kolejności zgodnej z treścią dialogu. 대화 지문의 내용에 부합하도록 야첵 씨의 일과를 순서대로 써 보세요.

	Pan Jacek wziął prysznic i ogolił się		Pan Jacek przygotował śniadanie.
1	Pan Jacek wstał.		Pan Jacek skończył pracę.
	Pan Jacek wrócił do domu.		Pan Jacek pomógł córce.
	Pan Jacek poszedł na siłownię.		Pan Jacek zaczął pracę.
	Pan Jacek wyprasował koszulę i sukienkę.		Pan Jacek zmył naczynia.

VII. Wyróżnione w dialogu czasowniki proszę dopasować do podanych form, tworząc pary. Jak Pani/Pan myśli, kiedy używamy pierwszej, a kiedy drugiej formy? 대화문에 밑줄 친 동사의 짝을 찾고, 각 동사를 주어진 형태에 맞게 바꾸어 쓰세요. 당신은 언제 첫 번째 형태의 동사를 쓰고, 언제 두 번째 형태의 동사를 사용한다고 생각하나요?

0. (wstawać) wstawałem – *wstałem (wstać)*
1. (brać) brałem – __________
2. (golić się) goliłem się – __________
3. (przygotowywać) przygotowywałem – __________
4. (zmywać) zmywałem – __________
5. (prasować) prasowałem – __________
6. (zaczynać) zaczynał – __________
7. (kończyć) kończył – __________
8. (spotykać) spotykałam – __________
9. (jeść) nie jadłem – __________
10. (pić) piłem – __________
11. (iść) szedłem – __________
12. (kupować) kupowałem – __________
13. (wracać) wracałem – __________
14. (pomagać) pomagałem – __________
15. (odrabiać) odrabiała – __________
16. (wygrywać) wygrywałem – __________
17. (wstawać) wstawał – __________
18. (budzić) budziła – __________

GRAMATYKA (문법) – CZAS PRZESZŁY(ASPEKT DOKONANY)(과거시제(완료상))

JEDNORAZOWOŚĆ: Zwykle budzę się o 8:00, ale wczoraj **obudziłem** się o 7:00.
REZULTAT: Obiad był niesmaczny, więc jadłam go przez godzinę, ale **zjadłam** cały.

z- (s-, ś-) +	**z**jeść, **z**robić, **s**kończyć	u- +	**u**gotować, **u**myć, **u**rodzić się
za- +	**za**pytać, **za**dzwonić	wy- +	**wy**pić
po- +	**po**jechać, **po**prosić	prze- +	**prze**czytać
na- +	**na**pisać, **na**uczyć (się)	o- +	**o**golić się

wracać → wrócić　　kupować → kupić　　umierać → umrzeć
zarabiać → zarobić　　zamykać → zamknąć　　dawać → dać

UWAGA!

brać – wziąć　　kłaść – położyć　　przyjeżdżać – przyjechać　　widzieć – zobaczyć
iść – pójść　　mówić – powiedzieć　　siadać – usiąść　　znajdować – znaleźć

ja	napisa-**łem**/**-am**	my	napisa-**liśmy**/**-łyśmy**
ty	napisa-**łeś**/**-aś**	wy	napisa-**liście**/**-łyście**
on	napisa-**ł**	oni	napisa-**li**
ona	napisa-**ła**	one	napisa-**ły**
ono	napisa-**ło**		

VIII. Proszę wybrać odpowiednią formę i przeczytać zdania.
알맞은 형태의 동사를 고르고, 문장을 읽으세요.

0. (*Pisałam* / Napisałam) pracę domową przez dwie godziny i (pisałam / *napisałam*) pięć stron!
1. Mira (piła / wypiła) kawę i (myła / umyła) kubek.
2. Zwykle (wraca / wróciła) do domu bardzo późno, ale dzisiaj (wracała / wróciła) o 15:00.
3. Wczoraj (uczyłem / nauczyłem) się cały dzień i dzisiaj (zdawałem / zdałem) egzamin na 5.
4. Jacek nie (spotykał / spotkał) się wczoraj z Mirą, bo (kończył / skończył) pracę wcześniej.
5. Moje dziecko zawsze (mówi / powiedziało) mi wszystko, ale wczoraj nie (mówi / powiedziało) mi o złej ocenie.

IX. Proszę uzupełnić zdania odpowiednią formą czasownika.
적절한 동사를 선택하고, 형태를 알맞게 바꾸어 써서 문장을 완성하세요.

0. Dyrektor zawsze rano *dzwoni* do biura, a dziś nie *zadzwonił*. (dzwonić, zadzwonić)
1. Zwykle (on) ______________ pracę o 9:00, ale wczoraj ______________ pracę o 10:00. (zaczynać, zacząć)
2. Mama zawsze ______________ w niedzielę rosół, a w zeszłą niedzielę ______________ zupę pomidorową. (gotować, ugotować)
3. Kiedy byłem mały nigdy nie ______________ książek do końca, ale tę książkę ______________ całą, bo jest naprawdę świetna. (czytać, przeczytać)
4. Dzisiaj (my) ______________ w góry, ale w zeszły weekend (my) ______________ nad morze. (jechać, pojechać)
5. Kasia zawsze ______________ ze sobą parasol, ale wczoraj nie ______________ i była mokra, bo padał deszcz. (brać, wziąć)

X. Proszę zapytać koleżankę/kolegę:
친구에게 질문하세요.

1. Co zrobiłaś/zrobiłeś wczoraj?
2. Co robiłaś/robiłeś w Nowy Rok, pierwszego stycznia (01.01)?
3. Co robiłaś/robiłeś w walentynki?

GRAMATYKA (문법) – DATA: JAKA DATA? KIEDY?(날짜: 며칠? 언제?)

Który? / Jaka to data?	Kiedy? / Którego? / Od... do
*Dzisiaj **jest** pierwszy (M) stycz**nia** (D).*	*Moje urodziny **są** pierwsz**ego** (D) stycz**nia** (D).* od pierwsz**ego** marca do trzydziest**ego** czerwca.

XI. Proszę zapytać koleżankę/kolegę, kiedy w Polsce i w Korei są różne święta. 폴란드와 한국의 다른 기념일이 언제인지 친구에게 물어보세요.

A *Kiedy jest Dzień Matki w Polsce i w Korei?*

B *W Polsce Dzień Matki jest dwudziestego szóstego maja (26.05), a w Korei...*

XII. Proszę popatrzeć na kalendarz Harama i odpowiedzieć na pytania. 하람이의 달력을 보고, 질문에 답하세요.

10 Październik							11 Listopad							12 Grudzień						
N	P	W	Ś	C	Pt	S	N	P	W	Ś	C	Pt	S	N	P	W	Ś	C	Pt	S
27	28	29	30	1 C H	2 U S	3 E O	1 K!	2 Nabi ⊕	3	4	5	6	7	29	30	1	2	3	4	5
4	5	6	7	8	9	10	8	9	10	11 Marta	12	13	14	6	7	8	9	10	11	12
11	12	13	14	15	16	17	15	16	17	14	19	20	21	13	14	15 Test?	16	17	18	19 PL
18	19	20	21	22	23	24	22	23	24	14	26	27	28	20	21	22	23	24	25	26
25	26	27	28	29	30	31	29	30	1	2	3	4	5	27	28	29	30	31	1	2

1. Kiedy Haram ma test z polskiego?
2. Kiedy Haram jedzie do Polski?
3. Kiedy Marta ma urodziny? Jakie polskie święto jest w tym dniu?
4. Kiedy Haram musi iść z Nabi do lekarza? Jakie polskie święto jest w tym dniu?
5. Kiedy jest koreańskie święto Chuseok i Haram ma długi weekend?

XIII. Oto kartka z pamiętnika Harama. Proszę posłuchać nagrania i uzupełnić luki. 하람이 일기장의 한 페이지입니다. 녹음파일을 듣고, 빈칸을 채우세요.

piątek, 25 XII 2020

Dzisiaj jest *dwudziesty piąty grudnia*(25.12), pierwszy dzień Bożego Narodzenia! ________(20.12) ________(ja, przylecieć/lecieć) do Polski, dlatego nie pisałem, bo byłem zajęty planowaniem podróży. ________(2.11) ________(ja, iść/pójść) z Nabi do lekarza. ________(11.11) były urodziny Marty - ________(ja, dać/dawać) jej kwiaty i polski porcelanowy kubek, który bardzo jej się ________(on, podobać/spodobać). ________(15.12) ________(ja, pisać/napisać) test z polskiego, który był bardzo trudny, ale ________(ja, zdawać/zdać) na 5+! Nabi już ________(on, zdrowieć/wyzdrowieć). Marta ________(ona, zostawać/zostać) w Korei i teraz ________(ona, opiekować/zaopiekować) się moim kochanym kotem.

XIV. Proszę przeczytać e-mail Harama do wykładowcy i wybrać poprawne formy w zaznaczonych miejscach. 하람이가 선생님에게 보낸 이메일을 읽고, 굵게 표기된 부분 중 올바른 형태를 고르세요.

Nowa wiadomość

Do a.kowalska@hufs.ac.kr DW UDW

Temat Prośba o inny termin testu z języka polskiego.

Szanowna Pani Profesor,
nie mogę pisać testu z języka polskiego 20.12. (**Pojadę** / **Pojechałem**) do Krakowa na zimowy kurs języka polskiego i już (**kupowałem** / **kupiłem**) bilet na samolot, który leci 19 (**grudzień** / **grudnia**).
Jeśli to możliwe, chciałbym poprosić o inny termin testu. Czy mógłbym (**napisać** / **napiszę**) test 15 lub 16 grudnia? Czy odpowiada Pani ta data?

Z wyrazami szacunku
Haram Park
drugi rok studiów, polonistyka

Bezszeryf... B I U A

Wyślij

Powitanie	*Szanowna Pani Profesor/Doktor, / Szanowny Panie Profesorze/ Doktorze,*
Treść	*piszę do Pani / Pana, ponieważ...* *niestety, nie będę obecny/obecna (data) na zajęciach, ponieważ ...* *chciałbym/chciałabym umówić się na konsultacje/poprosić o inny termin egzaminu* *jeśli to możliwe...* *Czy odpowiada Pani /Panu...?*
Pożegnanie	*Z poważaniem / Z wyrazami szacunku*
Imię i Nazwisko	*Haram Park*
Rok i kierunek studiów	*drugi rok studiów, polonistyka*

XV. Proszę napisać e-mail do wykładowcy i poprosić o konsultacje. Nie może Pan/Pani być na zajęciach 15 października, ponieważ musi Pan/Pani iść do lekarza. 15 października są ważne zajęcia i test z polskiego, dlatego chciałby Pan/chciałaby Pani umówić się na konsultacje. Chciałby Pan/Chciałaby Pani napisać test na konsultacjach. Ma Pan/Pani czas 14.10. lub 16.10.

선생님에게 이메일을 써서 상담을 요청하세요. 여러분은 병원에 가야 하기 때문에, 10월 15일 수업에 참석할 수가 없습니다. 그러나 10월 15일에는 중요한 수업과 폴란드어 시험이 있어서, 여러분은 면담 시간을 잡아, 그 시간에 시험을 치르길 원합니다. 여러분은 10월 14일 혹은 10월 16일에 시간이 있습니다.

Test (평가)

Co można wpisać w puste miejsce (______)?
빈칸에 들어갈 수 있는 것은?

0. Dzisiaj jest pierwszy ________.
① *września*
② wrześniu
③ wrzesień
④ wrześniem

1. Urodziłem się (15) ____________ marca.
① piętnasty
② piętnaście
③ piętnastego
④ piętnastym

2. Święto Niepodległości w Polsce jest jedenastego ______
① listopadzie
② listopada
③ listopadem
④ listopad

3. Nie __________ obiadu i jestem bardzo głodny.
① zjadła
② jem
③ zjeść
④ zjadłem

4. Zawsze ______ chleb w piekarni, ale wczoraj _______ go w supermarkecie.
① kupiłam – kupuję
② kupiłam – kupiłam
③ kupuję – kupiłam
④ kupuję – kupuję

5. Czy już _________(ty) kawę? Możemy wracać do pracy?
① pijesz
② wypiłeś
③ wypił
④ pił

6. Wczoraj __________ (my) do lekarza, ale dzisiaj nie _______(my).
① idziemy – poszliśmy
② poszli – idziemy
③ poszedłem – idę
④ poszliśmy – idziemy

7. 26 maja to w Polsce ________________.
① Dzień dla Matki
② Dzień Matki
③ Dzień z Matką
④ Dzień Matek

8. Marta pierwszy raz _______ Haramowi czekoladki w te walentynki.
① dała
② dają
③ dawała
④ podaje

Czy wiesz, że...

알고 있나요...

폴란드에는 5월에 몇 번의 기념일이 있습니다. 5월 1일은 노동절이고, 5월 2일은 폴란드 국기의 날이며, 5월 3일은 제헌절(헌법제정일), 5월 26일은 어머니의 날입니다. 5월 초부터 며칠간 휴일이 이어지는데 이를 '마유프카(majówka)' 혹은 '5월 연휴'라고 부릅니다. 이 기간에 폴란드인들은 보통 마당에서 그릴 파티를 즐기거나 여행을 떠나는 등, 가족이나 친구들과 함께 시간을 보낼 계획을 세웁니다. 또한 5월은 시험의 달이기도 합니다. 고등학생들은 5월에 가장 중요한 시험인 마투라(matura)를 치릅니다. 마투라는 여러 단계의 시험으로 구성되기 때문에, 어떤 수험생들은 5월에 필기시험과 구두시험에 여러 차례 응시해야만 합니다.

W maju Polacy obchodzą kilka świąt. 1 maja jest Święto Pracy, 2 maja jest Dzień Flagi Rzeczypospolitej Polskiej, 3 maja jest Święto Konstytucji, 26 maja jest Dzień Matki. Na początku maja jest kilkudniowa przerwa od pracy i nauki nazywana majówką lub długim weekendem majowym. W tym czasie Polacy często organizują spotkania z rodziną lub ze znajomymi np. przy grillu albo wyjeżdżają na wycieczki. Maj to również miesiąc egzaminów. W maju uczniowie szkół średnich zdają ważny egzamin, czyli maturę. Matura składa się z kilku egzaminów, dlatego niektórzy uczniowie muszą zdawać w maju kilka testów, pisemnych i ustnych.

LEKCJA 6

Urodziłem się w 1999 roku.

1999년에 태어났어요.

학습목표

- 과거의 사건을 이야기하며 연도를 말할 수 있다.
- 과거와 연관된 시간적 양상을 표현할 수 있다.

1. **Czy jest rok, który pamięta Pani/Pan bardzo dobrze? Dlaczego?**
   당신이 생생히 기억하는 연도가 있나요? 이유는 무엇인가요?
2. **Czy ma Pani/Pan ulubiony film, piosenkę, książkę? W którym roku powstały?** 좋아하는 영화나 노래, 책이 있나요? 그것이 그것이 몇 년도에 만들어졌는지 알고 있나요?
3. **Proszę spojrzeć na zdjęcia. Jak Pani/Pan sądzi, kiedy zostały zrobione?** 위의 사진을 보고, 언제 벌어진 일인지 이야기해보세요.
4. **Czy łatwo zapamiętuje Pani/Pan daty różnych wydarzeń? Dlaczego tak/nie?**
   당신은 연도를 잘 기억하는 편인가요? 그렇다면(그렇지 않다면) 이유는 무엇인가요?

I. Proszę podpisać daty ważnych dla historii Polski wydarzeń. Daty znajdują się w ramce. W razie wątpliwości proszę sprawdzić w Internecie.

폴란드 역사에서 중요한 일이 있었던 날짜를, 아래에서 찾아 쓰세요. 정확하지 않다면 인터넷에서 확인하세요.

~~966~~	1795	11 listopada 1918	4 czerwca 1989
1 maja 2004	1 listopada 1989	12 marca 1999	

0. chrzest Polski - *966*

1. ambasada Korei w Polsce - __________

2. Polska w NATO - __________

3. niepodległość Polski - __________

4. koniec komunizmu - __________

5. Polska w UE - __________

6. Prusy, Rosja i Austria dzielą Polskę – Polska znika z mapy na 123 lata - __________

Trudne słowa

- chrzest 세례
- komunizm 공산주의
- dzielić 분할하다
- demokracja 민주주의
- znikać 살아지다
- UE 유럽연합

II. Proszę porozmawiać z koleżanką/kolegą.
친구와 대화를 나누어 보세요.

1. Dlaczego te daty są takie ważne dla historii Polski?
2. Jakie daty są szczególnie ważne dla historii Korei? Dlaczego?
3. Czy historia Polski i Korei różnią się, czy są podobne? Dlaczego?

GRAMATYKA (문법)

DATA – w którym roku?
11.11.2020 r. / 11 XI 2020 r. / 11 listopada 2020

Dziś jest (*który?*) jedenast**y** (M) listopad**a** (D) dwa tysiące dwudziesteg**o** roku. (D)
Urodziłem się (*w którym roku?*) **w** tysiąc dziewięćset dziewięćdziesiąt**ym** roku (1990). (N)
Urodziłem się 11.11.1990
(*kiedy?*) jedenast**ego** listopad**a** (*którego roku?*) tysiąc dziewięćset dziewięćdziesiąt**ego** roku. (D)

od … do…
Mieszkałem w Łodzi od (D) dwa tysiące dziesiąt**ego** (2010)
do (D) dwa tysiące czternast**ego** roku (2014).

1991: (*który to jest rok?*) tysiąc dziewięćset dziewięćdziesiąt**y** pierwsz**y** (M)
(*w którym roku?*) w tysiąc dziewięćset dziewięćdziesiąt**ym** pierwsz**ym** (N)
(*kiedy? Którego roku? pełne daty*) 30.12. 1991 tysiąc dziewięćset dziewięćdziesiąt**ego** pierwsz**ego** (D)

III. Proszę zapisać datę słownie, a potem przeczytać zdanie na głos.
괄호 안의 날짜를 문자로 쓰고, 문장을 소리 내어 읽으세요.

1. Polska odzyskała niepodległość w ____________________(1918 r.).
   Mówimy, że to było ____________________(11.11.1918 r.).
2. Dziś jest piątek, ____________________(13 XII 2020 r.).
3. Kupiliśmy nowy samochód w ____________________(2019 r.),
   a tak dokładnie to w sobotę, ____________________(19.09.).
4. Urodziłam się / Urodziłem się ____________________(dzień, miesiąc, rok).

IV. Proszę sprawdzić datę w Internecie i odpowiedzieć na pytania.
인터넷에서 날짜를 찾아보고, 질문에 답하세요.

1. W którym roku Wisława Szymborska dostała Nagrodę Nobla? A Maria Skłodowska-Curie?
2. W którym roku Jan Paweł II został papieżem?
3. W którym roku kobiety w Polsce mogły pierwszy raz zagłosować w wyborach? A w Korei?

Dialog (대화)

Haram Hej, coś wypadło ci z notatnika. Jakie stare zdjęcie! Czy to twoja rodzina?

Marta O, dzięki. Tak, to moja babcia Helena, a to mój dziadek Sławomir, rodzice mojej mamy. Zrobili to zdjęcie u fotografa przed wojną, w 1939 roku.

Haram Naprawdę?! W którym roku urodziła się twoja babcia?

Marta Babcia w 1921 roku, a dziadek w 1918, kiedy Polska odzyskała niepodległość. Babcia skończyła liceum i miała 18 lat, kiedy poznała dziadka. Zakochali się od pierwszego wejrzenia!

Haram W którym roku wzięli ślub?

Marta Jak wiesz, 1 września 1939 roku zaczęła się wojna i moja babcia wyjechała do Ameryki. Dziadek poczekał na babcię i kiedy wróciła do Polski w 1945 roku, od razu się z nią ożenił.

Haram Ale romantyczna historia, jak z filmu!

Marta Prawda? Potem razem skończyli studia i w 1950 roku otworzyli aptekę. Pięć lat później urodziła się moja mama... W którym roku urodzili się twoi dziadkowie?

Haram Nie wiemy dokładnie, ale wzięli ślub i przeprowadzili się do Busanu, kiedy zaczęła się wojna koreańska. W telefonie mam zdjęcie ich pierwszego domu.

Marta O, mogę zobaczyć?

przed wojną	전쟁이 일어나기 전	wojna (M)
odzyskała niepodległość	독립을 되찾았다.	odzyskać (dk) – odzyskiwać (ndk)
Zakochali się od pierwszego wejrzenia	그들은 첫눈에 사랑에 빠졌다.	zakochać się + od pierwszego wejrzenia
wzięli ślub	그들은 결혼식을 올렸다.	
od razu	즉시	
historia jak z filmu	영화 같은 이야기	
otworzyli aptekę	그들은 약국을 차렸다.	otwierać + aptekę, sklep, instytut...

V. Proszę odpowiedzieć na pytania.
질문에 답하세요.

1. Ile lat miał Sławomir, kiedy poznał Helenę?
2. W którym roku dziadek Marty się ożenił?
3. Gdzie pracowali dziadek i babcia Marty?
4. W którym roku urodziła się mama Marty?
5. Kiedy dziadek i babcia Harama przeprowadzili się do Busanu?

GRAMATYKA (문법) – CZAS PRZESZŁY, ASPEKT NIEDOKONANY I DOKONANY (ZESTAWIENIE) 과거시제, 동사의 미완료상과 완료상(기본쌍)

ASPEKT NIEDOKONANY	ASPEKT DOKONANY
- wydarzenie **trwało** lub **powtarzało się** - opis osób, rzeczy, stanów (wyglądu, emocji)	- wydarzenie **nie powtórzyło się** (tylko 1 raz) - albo **zakończyło się** (100%)
 W czasie wakacji Hanna codziennie wieczorem **czytała** książkę. (kilka stron/dzień)	 W czasie wakacji Hanna **przeczytała** aż pięć książek. (100%)
zawsze, zwykle, często, czasami, rzadko, długo, raz dziennie/w tygodniu/w miesiącu/w roku, codziennie, co godzinę, co tydzień..., od... do..., przez cały dzień/całą noc	*nagle, w pewnej chwili/w pewnym momencie, wreszcie, w końcu, pewnego dnia, pewnego razu*

ndk	dk	ndk	dk	ndk	dk
badać	zbadać	odpoczywać	odpocząć	suszyć	wysuszyć
brać	wziąć	odpowiadać	odpowiedzieć	ściągać	ściągnąć
budzić się	obudzić się	odrabiać	odrobić	tłumaczyć	prze-/wytłumaczyć
całować	pocałować	odwiedzać	odwiedzić	ubierać się	ubrać się
chorować	zachorować	pakować	spakować	uczyć się	nauczyć się
czytać	przeczytać	pić	wypić/napić się	ufać	zaufać
dogadywać się	dogadać się	piec	upiec	umawiać się	umówić się
drukować	wydrukować	pisać	napisać	rodzić się	urodzić się
dzwonić	zadzwonić	płacić	zapłacić	widzieć	zobaczyć
golić się	ogolić się	podawać	podać	witać	powitać
gubić się	zgubić się	pogarszać się	pogorszyć się	wracać	wrócić
iść/chodzić	pójść	polecać	polecić	wspominać	wspomnieć
jeść	zjeść	pomagać	pomóc	wstawać	wstać
karmić	nakarmić	poprawiać się	poprawić się	wybierać	wybrać
kąpać	wykąpać	powtarzać	powtórzyć	wydawać	wydać
kłócić się	pokłócić się	pozdrawiać	pozdrowić	wyjeżdżać	wyjechać
godzić się	pogodzić się	poznawać	poznać	wynajmować	wynająć
kochać	zakochać się	prać	wyprać	wyrzucać	wyrzucić
kończyć –	s-/ukończyć	prasować	wyprasować	wysyłać	wysłać
kupować	kupić	prezentować	zaprezentować	zaczynać (się)	zacząć (się)
liczyć	policzyć	przegrywać	przegrać	zajmować się	zająć się
łamać	złamać	przeprowadzać	przeprowadzić	zamawiać	zamówić
malować	namalować	się	się	zapominać	zapomnieć
mieszkać	zamieszkać	rezerwować	zarezerwować	zapraszać	zaprosić
mówić	powiedzieć	robić	zrobić	zawracać	zawrócić
myć (się)	umyć (się)	rozbierać	rozebrać	zdawać	zdać
obchodzić się bez	obejść się bez	rysować	narysować	zmieniać	zmienić
odbywać się	odbyć się	skracać	skrócić	zmywać	zmyć/pozmywać
odkładać	odłożyć	słuchać	posłuchać	żegnać	pożegnać
odkurzać	odkurzyć	smarować	posmarować	żenić się	ożenić się
		spotykać (się)	spotkać (się)		
		sprzedawać	sprzedać		

VI. Proszę uzupełnić zdania czasownikiem w czasie przeszłym w odpowiednim aspekcie.

괄호 안의 동사 중 알맞은 상을 선택하여, 과거시제를 써서 문장을 완성하세요.

0. Mój ojciec codziennie wieczorem *czytał* mi książkę, kiedy byłem mały. Tę książkę też mi *przeczytał*. (czytać / przeczytać)
1. Rano nie miałem czasu i nie __________. (golić si ę /ogolić się)
2. Pewnego razu __________ tego chłopaka w bibliotece i zakochałam się! (widzieć / zobaczyć)
3. W zeszłym roku __________ mieszkanie, dlatego teraz nie mam pieniędzy. (1.os. r.m. kupować / kupić)
4. Jak długo ona __________ w Polsce? (mieszkać / zamieszkać)
5. On bardzo rzadko __________ ręce. (myć / umyć)
6. Co w końcu __________ twoi rodzice o tym pomyśle? (mówić / powiedzieć)
7. Ojej, pada deszcz a ja nie __________ parasola! (r.ż., brać / wziąć)
8. Oni teraz są dobrymi przyjaciółmi, ale na studiach często się __________. (kłócić się / pokłócić się)
9. Czy już __________ ten egzamin, czy musisz go pisać jeszcze raz? (2. os. r.m. zdawać / zdać)
10. Mój brat rzadko __________ naczynia, kiedy był w liceum. (zmywać / pozmywać)

VII. Proszę popatrzeć na dwa obrazki i porównać je, używając aspektu dokonanego. 아래 두 그림을 보고, 완료형 동사를 사용하여 비교하세요.

Na pierwszym obrazku, po lewej, kot pił mleko, a na drugim obrazku, po prawej, kot już wypił mleko.

pić mleko, pisać list, odkurzać pokój, wysyłać wiadomość, jeść kiełbasę, gotować obiad, suszyć włosy, myć ręce, czytać książkę, robić sweter

IX. Proszę przeczytać tekst i pokreślić czasowniki w aspekcie dokonanym, a następnie wykonać zadania A, B i C.

다음 글을 읽고 완료형 동사에 밑줄을 그은 뒤에 과제 A, B, C를 수행하세요.

(______________)

Józef Hofman urodził się w Krakowie, 20 stycznia 1876 roku. Kiedy miał 4 lata, zaczął naukę, a już 6 stycznia 1886 roku, kiedy miał 10 lat, wystąpił w Warszawie i zagrał na fortepianie koncert d-moll Mozarta. Rok później mały pianista wystąpił w Nowym Jorku. Po tym występie amerykański milioner A. C. Clark dał mu wysokie stypendium. Te pieniądze pozwoliły młodemu Hofmanowi studiować grę na fortepianie w Berlinie od 1888 do 1894 roku. Był też uczniem sławnego rosyjskiego pianisty, Antona Rubinsteina – to dzięki niemu Hofman został jednym z najsławniejszych muzyków na świecie. W czasie pierwszej wojny światowej przeprowadził się do USA. W 1924 roku zamieszkał w Filadelfii i zaczął pracować jako dyrektor Curtis Institute of Music. Hofman był sławnym pianistą, ale zakochał się... w technice i wynalazkach. Samochody były jego pasją. Kiedy miał 25 lat, zbudował swój pierwszy automobil i pojechał w podróż po Europie. Skonstruował pierwsze wycieraczki do szyb i resory samochodowe. Zaprojektował elektryczny czajnik do gotowania wody, zegar elektryczny, a także motorówkę i spinacz do papieru! Hofman wynalazł, zapisał i opatentował prawie siedemdziesiąt wynalazków, dlatego zarabiał dużo pieniędzy. Hofman skończył karierę, kiedy miał 70 lat i skoncentrował się na swoim hobby - wynalazkach. Umarł 16 lutego 1957 roku w Ameryce.

– 출처: culture.pl

Trudne słowa

- wynalazca: 발명가
- wynalazek, wynalazki: 발명품
- najlepszy na świecie: 세계 최고의
- światowej klasy: 세계적 위치
- pasja: 열정
- wystąpić = zagrać koncert 공연하다
- skonstruować: 건축하다
- resor, -y: 스프링
- opatentować: 특허를 받다
- stypendium: 장학금
- wynaleźć: 발명하다
- sławny: 유명한
- fortepian: 피아노
- technika: 기술
- automobil = prosty samochód: 자동차
- pojechać w podróż: 여행을 가다
- wycieraczka, -i: 와이퍼
- motorówka: 모터보트
- skoncentrować się: 집중하다

A. Proszę wybrać tytuł, który pasuje do artykułu.
기사에 어울리는 제목을 고르세요.

a. Józef Hofman, fortepian i wynalazki
b. Józef Hofman i stypendium milionera
c. Józef Hofman i podróż po Ameryce
d. Józef Hofman i pierwszy samochód

B. Proszę zaznaczyć wynalazki Hofmana.
호프만의 발명품에 O 표시하세요.

wycieraczki do szyb	czajnik elektryczny	fortepian
zegar elektryczny	szampon do włosów	resory samochodowe
spinacz do papieru	samolot	

C. Proszę przeczytać tekst i zdecydować, czy zdania są prawdziwe (P), czy fałszywe (F). 글을 읽고, 내용이 참(P)인지, 거짓(F)인지 고르세요.

0. Józef Hofman urodził się w Nowym Jorku. P (F)
1. Hofman mieszkał w Warszawie przez 10 lat. P F
2. W Nowym Jorku Hofman zagrał w 1887 roku. P F
3. Hofman dostał stypendium od amerykańskiego milionera. P F
4. Nauczycielem Hofmana był rosyjski pianista. P F
5. Hofman wynalazł i opatentował prawie sto nowych rzeczy. P F
6. Hofman pod koniec życia mieszkał w Polsce. P F

X. Proszę odpowiedzieć na pytania.
질문에 답하세요.

1. Czy zna Pani/Pan sławnego koreańskiego wynalazcę? Co wynalazł?
2. Czy miała Pani/miał Pan kiedyś ciekawy pomysł? Czy udało się ten pomysł zrealizować?
3. Jak Pani/Pan myśli, jaki wynalazek zmienił świat? Jaki wynalazek pomógł ludziom, a jaki nie?

GRAMATYKA (문법)

RZECZOWNIK + *do* + DOPEŁNIACZ		
spinacz do papier**u**	instrukcja do pralk**i**	odpowiedź do ćwiczeni**a**
klucz do dom**u**	pasta do zębów	balsam do cia**ła**

XI. Proszę połączyć słowa w pary za pomocą przyimka do i zapisać w poprawnej formie. 전치사 do를 사용하여 양쪽의 단어를 연결하고, 완성된 표현을 써 보세요.

0. *spinacz*	----------	*papieru*
1. proszek		szyb
2. ekspres		rzęs
3. krople		oczu
4. szczoteczka		masła
5. płyn		zębów
6. maszynka		mieszkania
7. szampon	DO	ćwiczenia
8. klucz		włosów
9. tusz		rąk
10. nóż		paznokci
11. wycieraczki		mycia naczyń
12. odpowiedź		prania
13. krem		kawy
14. lakier		krojenia
15. deska		golenia

0. *spinacz do papieru*
1. ______
2. ______
3. ______
4. ______
5. ______
6. ______
7. ______
8. ______
9. ______
10. ______
11. ______
12. ______
13. ______
14. ______
15. ______

XII. Kiedy używamy tych rzeczy?
앞에서 나온 물건들은 언제 사용하나요?

Szamponu do włosów używamy wtedy, kiedy myjemy włosy. ...

XIII. Proszę porozmawiać z koleżanką/kolegą, jaki wynalazek jest potrzebny ludziom teraz? Jaki wynalazek chcieliby Państwo wynaleźć/opatentować? Proszę zaprezentować pomysł przed grupą.

사람들에게 지금 필요한 발명품이 어떤 것인지 친구들과 이야기를 나누어 보세요. 여러분은 어떤 것을 발명하거나 특허를 받고 싶나요? 그룹 앞에서 아이디어를 발표해 보세요.

1. Do czego służy ten wynalazek?
2. Komu może ten wynalazek pomóc? W czym może pomóc?
3. Jak ten wynalazek działa?

Nasz wynalazek to ______ do ______.
Uważamy, że ten wynalazek może pomóc (komu? w czym?)...
To wynalazek, który...

XIV. Proszę posłuchać fragmentu audycji radiowej na temat różnych wynalazków i uzupełnić oś czasu o brakujące informacje.

라디오 방송에서 발췌 한 다양한 발명품을 듣고 빠진 정보로 타임 라인을 완성 해주세요.

1903, 1818, smartfon, suszarka do włosów, 1963, maszynka do golenia, 1983

ekspres do kawy – ______[1] r.

wycieraczki do szyb – ______[2] r.

______[3] – 1911 r.

______[4] – ______[5] r.

______[6] – 1992 r.

Internet – ______[7] r.

XV. Proszę napisać swoją biografię (150 słów), uwzględniając najważniejsze daty i wydarzenia w Pani/Pana życiu i karierze. Proszę przedstawić pracę w grupie. 생과 경력에서 가장 중요한 날짜와 사건을 포함하여 전기를 작성하십시오. 그룹 워크를 소개 해주세요. (150 자)

Urodziłem/am się w [miasto], [dzień, miesiąc, rok] *roku.*

Chodziłem/am do [liceum] *w* [miasto].

Od [rok] *do* [rok] *studiowałem/am* [co?] *na wydziale* [jakim?]. / *Zaczęłam / Zacząłem studia w …* [rok]

Podczas studiów pracowałem/am jako praktykant/ka, wolontariusz/wolontariuszka…

W [miesiąc, rok] *roku skończyłem uniwersytet i zacząłem pracę w* [miasto], *w* [nazwa firmy].

W [miesiąc, rok] *ukończyłem/am kurs* [jaki/czego?]…, [gdzie?].

Nauczyłem/am się [czego?]…

Mam certyfikat [jaki?]…

Interesuję się [czym?]…

Biografia

Urodziłam się/Urodziłem się ______________________________

Test (평가)

Co można wpisać w puste miejsce (______)?
빈칸에 들어갈 것은?

0. Mam ______ imię Adam.
   ① *na* ② nie
   ③ się ④ tak

1. To zdjęcie ____________ 21 czerwca 2000 roku.
   ① robimy ② robiliśmy
   ③ zrobiliśmy ④ nie zrobiliśmy

2. Czy ____________ tę grubą książkę do końca?
   ① będziesz czytała ② przeczytałaś
   ③ czytasz ④ czytałaś

3. Mój przyjaciel urodził się ______________.
   ① w 1991 roku ② od 1991 roku
   ③ 1991 rok ④ 1991 roku

4. Zaczęłam studia w ______________.
   ① dwa tysiące dwudziesty rok
   ② dwa tysiące dwudziestym roku
   ③ dwa tysiące dwudziestym rok
   ④ dwa tysiące dwudziestego roku

5. Moja mama urodziła się ______________.
   ① w pierwszego stycznia tysiąc dziewięćset pięćdziesiątego piątego roku.
   ② pierwszego stycznia tysiąc dziewięćset pięćdziesiątego piątego roku
   ③ pierwszy stycznia tysiąc dziewięćset pięćdziesiątego piątego roku
   ④ pierwszym stycznia tysiąc dziewięćset pięćdziesiątego piątego roku

Nazywam się Mateusz Kowalski. 6.____________ w Lublinie 7.____________ lutego 1992 roku. Od 2010 do 2013 roku 8.____________ na UW, ale w czasie studiów 9.____________ urlop i pojechałem do Korei na stypendium. W 2015 roku 10.____________ studia i zacząłem pracę w koreańskiej firmie we Wrocławiu.

6. ① Mieszkam ② Studiuję
   ③ Urodziłem się ④ Rodziłem się

7. ① dwudziesty dziewiąty
   ② dwudziestym dziewiątym
   ③ dwudziestego dziewiąty
   ④ dwudziestego dziewiątego

8. ① nauczyłem się ② studiowałem
   ③ przyszedłem ④ skończyłem

9. ① wziąłem ② brałem
   ③ wzięłam ④ brałam

10. ① otworzyłem ② wybrałem
    ③ zacząłem ④ skończyłem

Czy wiesz, że...

알고 있나요...

마투라(matura)는 폴란드에서 고등학생들에게 가장 중요한 시험으로, 고등학교 졸업시험입니다. 학생들은 이 시험(필기)을 밤꽃이 피는5월에 치기 시작하는데, 가끔은 6월이 되어야 끝나는 경우도 있습니다. 수많은 젊은이들의 인생에서 중대한 일이자 중요한 날이지요. 마투라는 엄청난 스트레스를 받으며 며칠간 치르는 시험이기 때문에, 수험생들은 시험 100일 전에 „studniówka(스투드니우프카)"라고 부르는 성대한 댄스파티를 열고 즐긴답니다. 100일 파티와 마투라 시험에 관련된 다양한 미신도 있어요. 그중 하나는 댄스파티 때 입었던 빨간색 속옷을 나중에 시험 기간에도 입는 것인데, 이것이 시험을 칠 때 행운을 가져다준다고 믿습니다.

W Polsce pierwszym najważniejszym egzaminem dla uczniów szkół średnich jest matura, czyli egzamin po zakończeniu szkoły średniej. Uczniowie zaczynają zdawać ten egzamin (część pisemna) w maju, kiedy kwitną kasztanowce, a kończą czasami dopiero w czerwcu. To ważne wydarzenie i ważna data w życiu wielu młodych ludzi. Matura jest ogromnym stresem, trwa kilka dni, dlatego sto dni przed maturą licealiści bawią się na wielkiej imprezie, czyli na balu maturalnym nazywanym studniówką. Ze studniówką i zdawaniem matury związane są różne przesądy. Jednym z nich jest zakładanie czerwonej bielizny na studniówkę, którą potem nosimy też podczas egzaminów maturalnych, ponieważ mamy nadzieję, że to przynosi szczęście na teście.

마투라 전날은 공부를 해선 안됩니다! 긴장을 풀고 휴식을 취해야 하니까요. 배운 것이 모두 머리에서 빠져나간다는 말이 있기 때문에 머리카락을 잘라서도 안된답니다. 시험 직전에 친한 친구나 가족에게 살짝 걷어차이는 것도 좋은 운을 부른다고 합니다.

Dzień przed maturą obowiązuje zakaz nauki! Trzeba się relaksować i odpoczywać. Nie można też obcinać włosów, bo mówi się, że wszystko, czego się nauczyliśmy, wyleci z głowy! Krótko przed egzaminem maturzysta dostaje lekkiego kopniaka od przyjaciół lub rodziny – na szczęście.

LEKCJA

7

A co, jeśli będzie padał deszcz?

비가 오면 어떡하죠?

학습목표

- 여가시간 활용계획을 세울 수 있다.
- 여행계획을 세우고, 여행상품을 검토할 수 있다.
- 영화에 대해 의견을 표명할 수 있다.

1. **Jak najchętniej spędza Pani/Pan wolny czas? Jakie są popularne formy rozrywki wśród Pani/Pana znajomych?**
   여가시간을 주로 어떻게 보내나요? 지인들에게 가장 인기 있는 여흥의 형태는 무엇인가요?
2. **Proszę popatrzeć na fotografie i je opisać. Co oni robią, gdzie są?**
   위의 사진을 보고 묘사해보세요. 이들은 어디에서 무엇을 하고 있나요?
3. **Co będzie Pani/Pan robić w weekend? Co zrobi Pani/Pan jutro?**
   주말에는 무엇을 할 예정인가요? 내일은요?

I. Proszę dopasować odpowiednią kategorię do podanych słów:
다음 단어에 알맞은 카테고리를 골라 적어 보세요.

gry planszowe ~~sporty zimowe~~ sporty zespołowe sporty ekstremalne piłka nożna

0. łyżwy, narty, sanki: *sporty zimowe*
1. koszykówka, hokej, siatkówka: ____________________
2. warcaby, szachy, *Monopol*: ____________________
3. piłka, boisko, bramka: ____________________
4. kajak, deska surfingowa, park linowy: ____________________

II. Proszę dopasować słowa z ramki do czasowników.
다음 동사에 알맞은 단어를 골라 적어 보세요.

szachy	~~hulajnodze~~	sensacyjny	~~łyżwach~~	kryminalny	~~nartach~~
kajakiem	zawodach sportowych		statkiem	spektakl	krzyżówkę
film	wystawę	warcaby	karty	spływie kajakowym	
komediowy	zagadkę	meczu	jachtem		

0. Jeździć na *łyżwach*, *nartach*, *hulajnodze*
1. Pływać ____________, ____________, ____________
2. Rozwiązywać ____________, ____________
3. Iść na ____________, ____________, ____________
4. Grać w ____________, ____________, ____________
5. Uczestniczyć w ____________, ____________, ____________
6. Oglądać film ____________, ____________, ____________

Dialog (대화)

Haram Czy byłaś już kiedyś w parku rozrywki Everland?

Marta Nie, a gdzie to jest?

Haram Niedaleko Seulu, około 30 km na południe w prowincji Gyeonggi. Jeśli będzie ładna pogoda, to pojedziemy tam ze znajomymi w przyszły weekend.

Marta Jeżeli mnie zaprosisz, to chętnie pojadę razem z wami. Co będziemy tam robić?

Haram W parku jest wiele atrakcji. Każdy znajdzie coś dla siebie. Zwiedzimy zoo, zjemy dobry lunch, zrobimy dużo pięknych zdjęć.

Marta A co, jeśli będzie padał deszcz?

Haram Jeśli będzie brzydko, to będziemy musieli zmienić plany. Spotkamy się w kawiarni i będziemy grali w gry planszowe. Uwielbiam grać w szachy.

Marta Ja nie lubię gier planszowych...

Haram W takim razie pójdziemy na sztukę do teatru albo na film do kina, możemy też oglądać seriale lub inne filmy w domu. Widziałaś już Parasite? Mam ten film z napisami po angielsku.

Marta Jeszcze go nie oglądałam, ale czytałam opinie o nim w Internecie...

Haram To naprawdę świetny film! Musisz go koniecznie obejrzeć. To dramat, ale akcja filmu...

Marta Wiesz, nie opowiadaj mi tego filmu. Najlepiej będzie, jeśli jutro obejrzymy go razem!

park rozrywki	놀이공원	
w prowincji	~도에(도, 주, 성 등의 행정구역)	prowincja
chętnie pojadę razem z wami	기꺼이 너희들과 함께 갈게	
każdy znajdzie coś dla siebie	모두를 위한 무엇인가가 있다.	
A co jeśli...?	만일... 면 어떡하지?	
gry planszowe	보드게임	l. poj. gra planszowa
w takim razie	그러면, 그런 경우엔	
szachy	체스	
sztukę	예술	sztuka: iść na + B sztukę, spektakl
serial	연속극	
Parasite	(영화)기생충	Pasożyt
film z napisami	자막 영화	film z napisami po koreańsku/po polsku l. poj. napis, l.mn. napisy
czytałam opinie	평을 읽었다	opinia o filmie/o książce

III. Proszę podkreślić zdanie niezgodne z dialogiem.
대화문에 **부합하지 않는** 문장을 고르세요.

a. Marta nigdy nie była w parku rozrywki *Everland*.

b. Marta i Haram rozmawiają o planach na przyszły weekend.

c. Haram lubi gry planszowe.

d. Haram uważa, że film *Pasożyt* jest bardzo dobry.

e. Jeśli będzie padał deszcz, Marta i Haram pojadą do parku rozrywki.

GRAMATYKA (문법) – CZAS PRZYSZŁY, ASPEKT NIEDOKONANY I DOKONANY(미래시제, 동사의 미완료상과 완료상)

Czas przyszły (aspekt niedokonany)	Czas przyszły (aspekt dokonany)
Na wakacjach **będę czytać/będę czytał/będę czytała** moje ulubione książki.	Na wakacjch **przeczytam** wszystkie moje ulubione książki.
Jutro **będą powtarzać/będą powtarzali/będą powtarzały** gramatykę cały wieczór.	Jutro (oni/one) **powtórzą** gramatykę do wieczora.

Kiedy?

jutro, pojutrze
***za** chwilę*
***za** dwa dni, **za** tydzień, **za** dwa tygodnie, **za** miesiąc, **za** dwa miesiące, **za** rok, **za** dwa lata,*
***w** przyszłym tygodniu, **w** przyszłym miesiącu, **w** przyszłym roku*

Czasowniki modalne w czasie przyszłym (musieć, chcieć, móc)
Będę musiała/musiał kupić nowe łóżko do mojego pokoju. Oni na pewno **będą chcieli** kupić nowy telewizor. On **będzie mógł** kupić nową książkę.

UWAGA!

nigdy! ~~będę iść~~ ~~będę móc~~

zawsze! **pójdę** **będę mógł**

IV. Proszę uzupełnić zdania.
문장을 완성하세요.

A. 0. Od jutra codziennie rano *będę spacerował* z psem. (ja, r. m., spacerować)

1. Od jutra codziennie __________ warzywa na śniadanie. (one, jeść)
2. W środę mamy test z gramatyki. W przyszły wtorek __________ cały dzień. (my, r. ż. uczyć się)
3. Obiecuję, że __________ na siłownię cały przyszły rok. (ja, r. ż., chodzić)
4. W tę sobotę od rana __________ w gry planszowe. (my, r. m. grać)

B. 0. Jesteście głodni? Za chwilę *podam* zupę. (podać)

1. Boli mnie ząb. Jutro __________ do dentysty. (pójść)
2. Lodówka jest pusta. Jutro __________ zakupy. (ty, zrobić)
3. Kasia ma za miesiąc urodziny. __________ jej prezent przez Internet. (ja, kupić)
4. Pożyczyłam film. Jutro wieczorem go__________. (obejrzeć)

C. 0. Na wakacjach oni będą robić to, co będą *chcieli*. (chcieć)

1. One nie będą __________ pójść z nami na koncert. (chcieć)
2. Adam, czy będziesz __________ przyjechać do mnie jutro? (móc)
3. Nie będziecie __________ wziąć kredytu, pożyczę wam pieniądze. (musieć)
4. Kasiu, czy będziesz __________ przeprowadzić się do innego pokoju? (móc)

D. 0. Za dwa dni nasz zięć *wróci* z dalekiej podróży. (wracać/wrócić)

1. W przyszłym roku będę regularnie __________ warzywa. (jeść/zjeść)
2. Zwykle __________ herbatę na śniadanie, ale jutro __________ kawę. (ja, pić/wypić)
3. Piotr zawsze __________ urlop w lipcu, ale w tym roku __________ w sierpniu. (brać/wziąć)
4. Teraz Adam __________ do szkoły, a jutro __________ do kina razem z kolegami. (iść/pójść)

GRAMATYKA (문법)

Jeżeli/Jeśli..., (to)...

Jeżeli one **będą się dużo uczyły**, to **będą** najlepszymi studentkami na pierwszym roku.
Jeżeli **będę miała** czas/ Jeżeli mnie zaprosisz, to **pójdę** z tobą do parku rozrywki.
Jeżeli moja mama **zamieszka** z nami, **będziemy musieli kupić** większe mieszkanie.

V. Proszę dokończyć zdania.

문장을 연결하여 완성하세요.

0. *Jeżeli Adam ożeni się z Mijin,*	a. to będziemy grali w gry planszowe w domu.
1. Jeśli będzie świecić słońce,	b. będziesz musiał zostawić płaszcz w szatni.
2. Jeśli będzie brzydka pogoda,	c. *to przeprowadzi się do Korei.*
3. Jeśli Marta pójdzie z Haramem do kawiarni,	d. to będziesz potrzebował ciepłych ubrań.
4. Jeśli pojedziesz zimą w góry,	e. to kupię ci nowe ubranie sportowe.
5. Jeśli będziesz chodził regularnie na siłownię,	f. to pozna jego znajomych.
6. Jeśli pójdziesz do teatru,	g. to będę opalać się na plaży.

VI. Proszę porozmawiać z koleżanką/kolegą i zapytać:
친구와 대화하고 질문해 보세요.

1. Co zrobisz na pewno, a czego nie będziesz robiła/robił w najbliższy weekend?

na pewno nie:	na pewno tak:
Nie będę się uczyła, nie zadzwonię do koleżanki, ...	*Będę oglądała seriale, zadzwonię do mamy, ...*

2. Co zrobisz, jeśli całe wakacje będzie padał deszcz?

3. Co zrobisz, jeśli prezydent zaprosi cię na spotkanie?

4. Co zrobisz, jeśli wygrasz milion dolarów?

VII. Proszę przeczytać listy czytelników czasopisma „Psychologia dla ciebie" i zdecydować, która rada psychologa jest najlepsza dla każdej osoby. „당신을 위한 심리학" 잡지의 독자들이 보낸 사연을 읽고, 심리학자의 조언이 누구를 위한 것인지 연결해 보세요.

Jak spędzać wolny czas, żeby być szczęśliwszym człowiekiem?

A: Jestem pracownikiem biurowym, spędzam przy biurku osiem godzin każdego dnia. W wolnym czasie chciałbym oddychać świeżym powietrzem i nie patrzeć na ekran komputera.

B: Jestem fryzjerem. Wracam z pracy bardzo zmęczony. Stoję dziesięć godzin codziennie. Chciałbym mieć czas dla moich przyjaciół, zrelaksować się w ciszy i spokoju, ale nie chcę oglądać telewizji.

C: Myślę, że jestem odważna i nie boję się niebezpiecznych sytuacji. Kiedy byłam mała, lubiłam wchodzić na ostatnie piętro mojego bloku i wyobrażać sobie, że latam. Zawsze chciałam zrobić coś, czego inni boją się zrobić.

D: Jestem studentką i dużo pieniędzy wydaję na podręczniki i książki. W czasie sesji szczególnie dużo czytam i jestem zmęczona. Chciałabym iść do kosmetyczki, żeby się zrelaksować, ale brakuje mi pieniędzy.

E: Mój dyrektor jest bardzo wymagający. Kiedy realizujemy projekt, pisze do nas dużo maili i oczekuje szybkiej odpowiedzi, dzwoni kilka razy dziennie nawet po pracy, wieczorem. Nie mam czasu dla siebie.

0. *A.*
1. B
2. C
3. D
4. E

a. Jeśli wyłączysz po południu telefon i będziesz off-line, to spędzisz czas sama ze sobą i naprawdę odpoczniesz.

b. Jeśli lubisz emocje, to znajdziesz je w sportach ekstremalnych.

c. Jeśli wypożyczysz książki z biblioteki, to zaoszczędzisz pieniądze i będziesz mogła iść do gabinetu kosmetycznego.

d. Jeśli pracujesz ciężko fizycznie, to na pewno z przyjemnością będziesz grał w szachy z przyjacielem.

e. *Jeśli w pracy dużo siedzisz, to będziesz zadowolony z czasu spędzonego na długich spacerach w górach lub w lesie.*

VIII. Proszę przeczytać opinię na temat filmu Wszystko, co kocham i zdecydować, które zdania są prawdziwe, a które fałszywe.

영화 „밴드 명: 올 댓 아이 러브"에 대한 평을 읽고, 어떤 문장이 참(P)이고 거짓(F)인지 고르세요.

Gorąco polecam!

Wszystko, co kocham
Reż. Jacek Borcuch, 2010, dramat

Film opowiada o grupie przyjaciół, którzy mieszkają nad polskim morzem. Reżyser pokazuje życie zwykłych ludzi w wyjątkowym czasie historycznym. Akcja filmu zaczyna się wiosną 1981 roku, czyli w roku ważnym dla historii Polski, bo zimą 1981 roku w Polsce rozpoczął się stan wojenny. Młodzi ludzie nie interesują się wielką polityką, natomiast fascynują się muzyką, dlatego zakładają zespół muzyczny o nazwie WCK (Wszystko, co kocham). Chcą grać, bo muzyka pozwala im żyć poza szarą rzeczywistością.

Fabuła filmu nie jest skomplikowana i występują w nim świetni młodzi aktorzy. Film Jacka Borcucha jest wspomnieniem z lat młodości reżysera, więc może wydawać się trochę sentymentalny i wyidealizowany.

Wszystko, co kocham to najlepszy film o młodzieży, nie tylko dla młodzieży, jaki ostatnio oglądałem. Warto go obejrzeć. Naprawdę gorąco polecam.

– Na podstawie: https://www.filmweb.pl/reviews/recenzja-filmu-Wszystko%2C+co+kocham-9074

Trudne słowa

- reżyser (reż.): 감독
- akcja filmu: 영화의 사건
- zakładają zespół: 팀을 만들다
- fabuła filmu: 영화의 플롯
- rozpoczął się stan wojenny: 계엄령이 시작되다
- fascynują się: 매료되다
- rzeczywistość: 현실
- z lat młodości: 젊은 시절의

0. Reżyserem filmu Wszystko, co kocham jest Jacek Borcuch. (P) F
1. *Wszystko, co kocham* jest filmem historycznym. P F
2. Film powstał w 1981 roku. P F
3. W filmie młodzi ludzie zajmują się polityką. P F
4. Fabuła filmu nie jest trudna. P F
5. Autor opinii uważa, że film jest bardzo dobry. P F

IX. Proszę napisać/zaprezentować opinię na temat wybranego filmu lub serialu. Proszę użyć wybranych z ramki słów, zwrotów i wyrażeń.

영화나 연속극을 선택하여, 그것을 주제로 감상평을 쓰거나 발표해 보세요. 표에 나와 있는 단어 및 표현들을 활용하세요.

aktor/aktorzy	komedia	horror	dramat
akcja filmu	fabuła filmu	reżyser pokazuje	film opowiada o ...
film jest o...	główny bohater	znakomita gra aktorska	warto
polecam			

X. Chce Pani/ Pan spędzić weekend z koleżanką/kolegą. Proszę przeczytać oferty różnych miejsc i porozmawiać z nią/nim, a następnie zdecydować, co będziecie robili. 당신은 친구와 함께 주말을 보내려고 합니다. 다양한 장소에 대한 상품 정보를 읽고, 친구와 상의해 보세요. 그런 다음, 무엇을 할 것인지 결정해 보세요.

Kino „Gwiazda" – promocyjne ceny w weekend!
Dwa bilety w cenie jednego na filmy do południa!

Pasożyt, 10.00, 18.00
Ida, 11.00, 20.00
Wszystko, co kocham, 9.30, 19.30
Ceny biletów: 25 zł normalny
20 zł studencki

Niezapomniany weekend w górach!
Zapraszamy na dwudniową (sobota i niedziela) wycieczkę w góry.
Atrakcje:
wspinaczka z przewodnikiem, spływ kajakowy górską rzeką, park linowy, wieczorem ognisko z kiełbaskami.
Cena: 400 zł od osoby.
tel. 765 565 656

Klub sportowy „Dyskobol" zaprasza na zawody sportowe:
10.06. (piątek), godz. 10.00 – mecz siatkówki
11.06. (sobota), godz. 15.00 – mecz koszykówki
Miejsce: stadion „Olimp", bilety: wstęp wolny
Dodatkowe atrakcje: park linowy dla odważnych!
Gwarantujemy wspaniałe sportowe emocje!

Znany na całym świecie zespół rockowy
„Strong Music"
pierwszy raz w naszym mieście!

Kiedy? 11.06, godz. 18.00.
Gdzie? Hala koncertowa
Bilety: 50 zł i 80 zł do kupienia on-line: www.bilety.com

Potrzebne pytania:	Możliwe odpowiedzi:
Może pojedziemy razem w...? *O której się spotkamy?* *O której/gdzie/kiedy jest...?* *Ile kosztuje wstęp/bilet?* *Co będziesz robić w weekend?* *Może pójdziemy na.../ do...?*	*Świetnie!* *Nie interesuję się ..... Wolę... niż....* *Dobrze, spotkajmy się...*

Test (평가)

I. Proszę posłuchać nagrania i wybrać poprawną odpowiedź.

녹음된 내용을 듣고 알맞은 대답을 고르세요

0. A: Co dziś grają w kinie Bajka?
   B: ______________.
   ① *Jest nowa koreańska komedia.*
   ② Nie lubię komedii.
   ③ Oglądałam już ten film.
   ④ Pójdziemy do kina.

1. ① Widziałam już tę sztukę.
   ② Nie mam płaszcza.
   ③ Jeszcze tylko pójdę do szatni.
   ④ Nie lubię teatru.

2. ① Grają tu dobrzy aktorzy.
   ② W warcaby albo w szachy.
   ③ Umiem grać na flecie.
   ④ Nie umiem jeździć na hulajnodze.

3. ① Nie lubię sportów zimowych.
   ② Jutro kupię sanki.
   ③ Nie umiem jeździć na łyżwach.
   ④ Pojedziesz ze mną nad morze?

4. ① Naprawdę? Jutro będziemy grać w siatkówkę.
   ② Naprawdę? W wakacje pojedziemy na spływ kajakowy.
   ③ Nie umiem jeździć na łyżwach.
   ④ Płynęłam już kajakiem.

II. Co można wpisać w puste miejsce (______)?

빈칸에 어울리는 것은?

0. Jeśli będzie ładna pogoda, to ______.
   ① będziemy w górach. ② *pójdziemy w góry.*
   ③ byliśmy w górach. ④ poszliśmy w góry.

1. Jutro cały dzień (ja) ________ maliny w lesie.
   ① zbierałem ② zbiera.
   ③ będę zbierać. ④ zbiorę.

2. Te okna są brudne. Jutro je (ty) ________.
   ① będę mył ② umyję
   ③ umyjesz ④ umyłeś

3. Kto będzie ______ pisać test w piątek rano?
   ① mógł ② mogli
   ③ móc ④ mogła

4. Jeśli będzie ładna pogoda, to ______ na wycieczkę.
   ① będziemy jechać ② pojechaliśmy
   ③ jechaliśmy ④ pojedziemy

5. Zawsze ____ prognozę pogody, jutro też ____.
   ① obejrzę, oglądam.
   ② obejrzałem, oglądałem
   ③ oglądam, obejrzę.
   ④ oglądałem, obejrzałem

III. Proszę przeczytać informacje, a następnie wykonać zadania A i B.
다음 글을 읽고, 과제 1과 2를 수행하세요.

(______________________)!

- > Kino otwarte od piątku do niedzieli w godzinach od 8.00 do 13.00 oraz od 18.00 do 24.00.
- > Przed filmem zapraszamy dzieci z rodzicami do naszego kącika zabaw!
- > Kawa gratis do każdego biletu na filmy wieczorne i nocne.

	filmy	godziny	ceny biletów
Dla dzieci - poranki w kinie	*Bolek i Lolek* (bajka) *Kraina Lodu* (film animowany) *Shrek* (film animowany)	**8.30, 11.00** **9.00, 10.45** **10.00**	Dzieci do 3. roku życia: wstęp bezpłatny. Dzieci w wieku 4-12 lat: 15 zł.
Dla dorosłych - wieczory i noce w kinie	*Boże Ciało* (dramat) *Pasożyt* (dramat) *Listy do M.* (komedia romantyczna)	**19.30, 21.00** **20.00, 22.00** **19.00, 21.30**	Wszystkie bilety – 20 zł

1. Proszę wybrać najbardziej odpowiedni tytuł tekstu (________).
   글과 가장 잘 어울리는 제목을 고르세요.

   ① Zapraszamy dzieci　② Zapraszamy na kawę
   ③ Zapraszamy do kina　④ Zapraszamy dorosłych

2. Proszę wybrać zdanie **zgodne** z ogłoszeniem.
   상품 설명과 **일시하는** 내용을 고르세요.

   ① Dzieci mogą oglądać filmy wieczorem.
   ② Kino czynne jest cały tydzień.
   ③ Najmłodsze dzieci nie płacą za bilet.
   ④ W tym miejscu można kupić kawę i ciasto.

Czy wiesz, że...

알고 있나요...

안제이 바이다는 2000년에 미국 아카데미 영화상의 평생 공로상을 수상한 최초의 폴란드 감독입니다. 이 폴란드 영화감독은 자신의 작품 전반에 걸친 공로를 인정받아 상을 받았습니다. 바이다는 많은 영화를 찍었고, 그 중 4편(빌코의 아가씨들, 약속의 땅, 철의 인간, 카틴)은 미국 아카데미 영화상의 최우수 외국어영화상의 후보에 오르기도 했습니다.

Pierwszym polskim reżyserem, który w 2000 roku otrzymał honorową nagrodę Amerykańskiej Akademii Filmowej (Oscara) jest Andrzej Wajda. Ten polski reżyser dostał nagrodę za całokształt swojej pracy twórczej. Wajda nakręcił wiele filmów, z których cztery miały nominację do nagrody Amerykańskiej Akademii Filmowej w kategorii najlepszy film nieanglojęzyczny *(Panny z Wilka, Ziemia Obiecana, Człowiek z Żelaza, Katyń).*

그 외에 오스카상 후보작으로 선정된 폴란드 영화로는 다음 작품들이 있습니다.
밤과 낮 *Nights and Days* (Jerzy Antczak 감독)
파라오 *Pharaoh* (Jerzy Kawalerowicz 감독)
밴드명: 올 댓 아이 러브 *All That I Love* (Jacek Borcuch 감독)
이다 *Ida* (Paweł Pawlikowski 감독) - 2015년 수상
어둠 속의 빛 *In Darkness* (Agnieszka Holland 감독)
냉전 *Cold War* (Paweł Pawlikowski 감독)
문신을 한 신부님 *Corpus Christi* (Jacek Borcuch 감독)

Inne polskie filmy (wybór) nominowane do Oscara za najlepszy film nieanglojęzyczny:
Noce i dnie, (reż. Jerzy Antczak)
Faraon (reż. Jerzy Kawalerowicz)
Wszystko, co kocham (reż. Jacek Borcuch)
Ida (reż. Paweł Pawlikowski) – nagroda w 2015 roku
W ciemności (reż. Agnieszka Holland)
Zimna wojna (reż. Paweł Pawlikowski)
Boże Ciało (reż. Jan Komasa)

NOTATKI

LEKCJA
8

Gdyby pociąg się nie spóźnił...
만약 기차가 늦는다면...

학습목표

- 티켓을 구매하며 날짜와 시간 등을 제시할 수 있다.
- 교통수단 및 수화물 종류에 대해 말할 수 있다.
- 가정법을 사용하여 추론과 가설, 소망 등을 표현할 수 있다.

1. **Proszę popatrzeć na fotografie i je opisać.**
   위의 사진을 보고 상황을 묘사해보세요.
2. **Jaki jest Pani/Pana ulubiony środek transportu?**
   애용하는 교통수단이 무엇인가요?
3. **Czy miała Pani/miał Pan kiedyś pechowy dzień? Co się wtedy wydarzyło?** 유독 운이 나쁜 날이 있었나요? 그때 무슨 일이 벌어졌나요?
4. **Co zrobiłaby Pani/zrobiłby Pan, gdyby wygrała Pani/wygrał Pan milion dolarów na loterii?**
   복권에서 백만 달러에 당첨된다면 무엇을 할 계획인가요?

I. Proszę słuchać, powtarzać i wpisywać numery słów przy każdym obrazku.
듣고, 따라 읽고, 각 그림 옆에 해당하는 단어의 숫자를 써 넣으세요.

1. pociąg
2. termos
3. wagon
4. walizka
5. namiot
6. konduktor
7. rozkład jazdy
8. bilet ulgowy
9. śpiwór
10. latarka
11. podróżny
12. plecak
13. peron
14. dworzec kolejowy

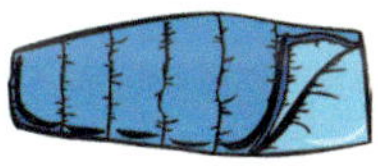

Rozkład jazdy

Pociąg	odjazdy	przyjazdy
702	06:21	08:41
1503	08:00	10:20
706	10:03	12:20
1507	11:20	13:40

Dialog (대화)

Jacek Nowak Pani Miro, czy udała się pani wycieczka do Krakowa?

Mira Yun I tak, i nie...

Jacek Nowak Dlaczego? Coś się stało?

Mira Yun Gdybym naładowała telefon, alarm włączyłby się o 6.00 i miałabym na wszystko czas, ale budzik nie zadzwonił. Wstałam więc później niż planowałam, zadzwoniłam po taksówkę, nie zjadłam śniadania, szybko się ubrałam i wyszłam z domu. Taksówka się spóźniła. Kiedy przyjechaliśmy pod dworzec, chciałam zapłacić za przejazd, ale wtedy okazało się, że w taksówce nie można płacić kartą. Musiałam iść do bankomatu i wypłacić pieniądze. Była już godzina 8.00, popatrzyłam na rozkład jazdy. Pociąg do Krakowa odjeżdżał o 8.10. Czasu do odjazdu pociągu było coraz mniej.

Jacek Nowak Czy kupiła pani wcześniej bilet, np. przez Internet?

Mira Yun Niestety nie. Gdybym miała bilet elektroniczny, nie poszłabym do kasy. Kolejka była bardzo długa, więc zrezygnowałam i poszłam na peron. Musiałam jechać tym pociągiem, ponieważ w Krakowie na dworcu kolejowym umówiłam się z moją koleżanką i miałyśmy zarezerwowane wejście na Wawel o 11.00. Pomyślałam, że kupię bilet u konduktora.

Jacek Nowak Tak, można kupić bilet u konduktora, ale wtedy może być on trochę droższy.

Mira Yun Trochę droższy? Zapłaciłam wysoką karę, ponieważ zaczęłam rozmawiać przez telefon z koleżanką i kiedy przyszedł konduktor, ja nie miałam biletu!

Jacek Nowak Naprawdę? Rzeczywiście miała pani pecha.

Mira Yun Na szczęście w Krakowie była piękna pogoda, zwiedziłam Wawel, zjadłam pyszny obiad, wypiłam kawę na Rynku, posłuchałam hejnału mariackiego i kupiłam obwarzanki. Proszę, mam też jeden dla pana. Bilet powrotny kupiłam w kasie.

Czy udała się wycieczka?	여행 잘 다녀왔어요?	udać się = spełnić oczekiwania
Coś się stało?	무슨 일 있었어요?	
Gdybym naładowała telefon, alarm włączyłby się	만일 내가 휴대전화를 충전해 두었더라면, 알람이 켜졌을 거예요.	
zapłacić za przejazd	운임을 지불하다	zapłacić za + B
Wtedy okazało się	그 때 ~인 것으로 밝혀졌어요.	
Czasu do odjazdu pociągu było coraz mniej.	기차 출발 시간까지 시간이 점점 줄어들었어요.	do odjazdu → odjazd/przyjazd + D pociągu, autobusu
Pociąg do Krakowa odjeżdżał o 8.10.	크라쿠프에 가는 기차는 8시 10분에 출발했어요.	odjeżdżał → odjeżdżać pociąg odjeżdża/przyjeżdża
kolejka	줄, 열	
Miałyśmy zarezerwowane wejście	우리는 입장 예약이 되어 있었어요.	mieć zarezerwowane + B wejście/bilety
Zapłaciłam karę	나는 벌금을 냈어요.	
Rzeczywiście miała pani pecha.	정말 당신은 운이 없었군요.	mieć pecha ≠ mieć szczęście
Bilet powrotny	돌아오는 표	

II. Proszę odpowiedzieć na pytania.

질문에 답하세요.

1. Dlaczego pani Mira wstała później niż planowała?
2. Czym pani Mira pojechała na dworzec kolejowy?
3. O której godzinie odjeżdżał pociąg do Krakowa?
4. Dlaczego pani Mira nie kupiła biletu w kasie?
5. Kto czekał na panią Mirę w Krakowie na dworcu?
6. Dlaczego pani Mira zapłaciła karę?
7. Co pani Mira zrobiła w Krakowie?
8. Gdzie pani Mira kupiła bilet powrotny?

III. Pani Mira myśli, że wycieczka do Krakowa byłaby jeszcze lepsza:
미라는 크라쿠프 여행이 좀 더 좋았을 것이라고 생각합니다:

zjadłabym	poszłabym	~~wstałaby~~
kupiłabym	włączyłby się	zapłaciłabym

- gdybym naładowała telefon, alarm __________ o 6.00.
- gdyby budzik zadzwonił, *wstałabym* wcześniej.
- gdybym wstała wcześniej, __________ śniadanie.
- gdyby taksówka się nie spóźniła, __________ bilet w kasie.
- gdybym nie rozmawiała przez telefon, __________ do konduktora.
- gdybym poszła do konduktora, nie __________ kary.

GRAMATYKA (문법) – TRYB PRZYPUSZCZAJĄCY(가정법)

FUNKCJE TRYBU PRZYPUSZCZAJĄCEGO

Chciałabym zwiedzić cały świat.	→	ŻYCZENIE
Czy **mógłby** pan podać mi walizkę?	→	PROŚBA
Gdybyś kupił bilety wcześniej, **miałbyś** zniżkę.	→	WARUNEK
Byłbym lepszym konduktorem niż on.	→	HIPOTEZA

1. poj.	3. os. czas przeszły		3. os. czas przeszły		
Gdy**bym** (ja)	miał/miała/miało	dużo pieniędzy	kupił/kupiła/kupiło	**bym**	dom.
Gdy**byś** (ty)				**byś**	
Gdy**by** (pani/pan/dziecko)				**by**	

Gdy**bym** był bogaty, **kupiłbym** dom.
Gdy**by** Piotr wstał wcześniej, **nie spóźniłby się** na autobus.

1. mn.	3. os. czas przeszły		3. os. czas przeszły		
Gdy**byśmy** (my)	mieli/miały	dużo pieniędzy, to	kupili/kupiły	**byśmy**	dom.
Gdy**byście** (wy)				**byście**	
Gdy**by** (oni/one/państwo)				**by**	

Gdy**byśmy** mieli dużo pieniędzy, **kupilibyśmy** dom.
Gdy**by pani** chciała, **mogłab**y pani sprzedać ten dom.
Gdy**by była** ładna pogoda, **nie wzięlibyśmy** parasola.

IV. Proszę zamienić zdania na formę trybu przypuszczającego i określić ich funkcję (życzenie, prośba, warunek, hipoteza).

주어진 문장을 가정법 형식으로 바꾸고, 문장의 기능(희망, 요구, 조건, 가설)이 무엇인지 명시하세요.

예 **Chcę** mieć małego psa. → *Chciałbym mieć małego psa. (r. m.)- życzenie*

1. **Napiję** się kawy. (r. ż.)

→ ______

2. One **chcą** mieć najnowszy model telefonu.

→ ______

3. **Może** mi pan pomóc?

→ ______

4. Tomku, czy **pożyczysz** mi tę książkę?

→ ______

5. Kasiu, czy **możesz** zadzwonić później?

→ ______

6. Piotr **przeczyta** tę książkę szybciej niż Adam.

→ ______

7. **Ugotuję** lepszy rosół niż ty. (r. m.)

→ ______

8. One nie **miały** czasu. Nie **poszły** do kina.

→ ______

9. Nie **napisałem** dobrze matury. Nie **dostałem** się na studia.

→ ______

10. **Nie zmieniłaś** pracy. Nie z**arobiłaś** więcej pieniędzy. (r. ż.)

→ ______

11. **Nie mam** pieniędzy. Nie m**ogę** kupić domu. (r. m.)

→ ______

12. **Nie kupiliśmy** tanich biletów. Nie **pojedziemy** w podróż dookoła świata.

→ ______

V. Proszę uzupełnić zdania.
문장을 완성하세요.

예 Gdyby budzik *zadzwonił*, pani Mira *wstałaby* wcześniej. (zadzwonić, wstać)

1. Gdyby pani Mira ___________ wcześniej, ___________ śniadanie. (wstać, zjeść)
2. Gdyby taksówka się nie ___________, pani Mira ___________ bilet w kasie. (spóźnić się, kupić)
3. Gdyby pani Mira ___________ podróż wcześniej, ___________ bilet przez Internet. (zaplanować, kupić)
4. Gdyby pani Mira nie ___________ przez telefon, ___________ do konduktora. (rozmawiać, pójść)
5. Gdyby pani Mira ___________ do konduktora, nie ___________ kary. (pójść, zapłacić)
6. Gdyby w Krakowie ___________ deszcz, pani Mira nie ___________ zadowolona z wycieczki. (padać, być)

VI. Oto bilet powrotny do Warszawy pani Miry. Proszę odpowiedzieć na pytania. 미라 씨가 바르샤바로 돌아오는 표입니다. 질문에 답하세요.

„PKP Intercity" Spółka Akcyjna   BILET   POC: X OF: X   NORMAL.: 1 ULG. X:X

30 maj	(zegar)	OD	→ DO	30 maj	(zegar)	KL./CL.
15.08	15:12	Kraków Gł.	→ Warszawa Centr.	15.08	19:35	2

POC. **3526** WAGON 8 m. DO SIEDZENIA **011** OKNO   **CENA: 89,00 zł**

- Skąd jechała pani Mira?
- O której godzinie był odjazd pociągu?
- Ile kosztował bilet?
- W której klasie jechała pani Mira?
- Jaki był numer wagonu?
- Jaki był numer miejsca pani Miry?
- Czy bilet pani Miry był ulgowy?
- O której godzinie pociąg przyjechał do Warszawy?

VII. Proszę połączyć zdania o podobnym znaczeniu.
비슷한 의미를 가진 문장과 연결하세요.

0. W weekendy zniżki na bilety dla rodzin.
1. Uwaga! Zmiana rozkładu jazdy od 1 marca.
2. 1 marca o godz. 6.45 pociąg do Opola jest odwołany.
3. Przepraszam, miejsce pod oknem jest moje.
4. Pociąg z Opola przyjedzie później o 30 minut.

a. 1 marca nie będzie pociągu do Opola o 6.45.
b. W sobotę i niedzielę rodzice z dziećmi mogą kupić bilet ulgowy.
c. Przepraszam, to miejsce nie jest pana.
d. Przyjazd pociągu z Opola jest opóźniony o pół godziny.
e. Godziny odjazdu pociągów będą inne od 1 marca.

VIII. Proszę wybrać odpowiedź zgodną z nagraniem.
녹음 내용에 **부합하는** 것을 고르세요.

0. *- Proszę bilet ulgowy do Krakowa na 12.30.*

Ta osoba kupuje bilet
a. *ze zniżką.*
b. normalny.
c. w drugiej klasie.

1. Pociąg do Częstochowy
   a. nie przyjedzie.
   b. spóźni się pół godziny.
   c. przyjedzie o 13.00.

2. Ten komunikat informuje o tym, że pociąg
   a. odjedzie z innego peronu.
   b. czeka już na peronie.
   c. dziś jest odwołany.

3. To zdanie to
   a. prośba.
   b. wspomnienie.
   c. życzenie.

4. To zdanie to
   a. życzenie.
   b. warunek.
   c. prośba.

IX. Proszę sprawdzić znaczenie słów w ramce, wybrać poprawną formę. 표 안에 있는 단어의 뜻을 확인하고, 각 문장에서 알맞은 형태를 고르세요.

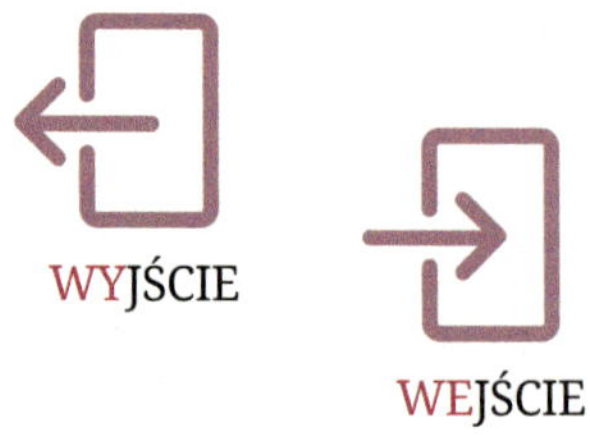

wejście (wchodzić)	↔	**wyjście** (wychodzić)
odjazd (odjeżdżać)	↔	**przyjazd** (przyjeżdżać)
odlot (odlatywać)	↔	**przylot** (przylatywać)
przejazd (przejechać)	↔	**przelot** (przelecieć)

0. Chciałbym (*wyjść*, wejść) z tego budynku, gdzie jest (wejście, *wyjście*)?
1. O której godzinie (odjazd, odjeżdża) autobus do Warszawy?
2. Chciałbym (wejść, wyjść) do poczekalni. Gdzie jest (wyjście, wejście)?
3. (Odlot, Odjazd) samolotu jest opóźniony o 20 minut.
4. Mój samolot (przylatuje, odlatuje) za 50 minut. Gdzie jest hala odlotów?
5. Za (przejazd, przelot) taksówką można zapłacić kartą.
6. Pasażerowie czekają na (przyjazd, przejazd) pociągu na peronie drugim.
7. Godzina (odlotu, odjazdu) samolotu się nie zmieni.

X. Proszę przeczytać tekst na temat różnych sposobów podróżowania i wykonać zadania A, B, C. 다양한 여행 방법에 대한 글을 읽고 과제 A, B, C를 수행하세요.

A. Proszę wybrać poprawne słowo.
알맞은 단어를 고르세요.

Kolej transsyberyjska – (przelot / droga)[1] **przez Azję**

Przejazd tym pociągiem trwa 6 lub 7 dni, a trasa ma długość od 7 000 do 9 000 km. Z okien pociągu pasażerowie mogą podziwiać przyrodę Rosji, Mongolii i Chin – góry, jeziora wielkie miasta i małe wsie. W pociągu warto mieć ze sobą środki higieniczne i jedzenie. Można też wziąć własny śpiwór.

– Na podstawie: https://solisci.pl/kolej-transsyberyjska-legendarna-podroz-przez-azje/

(Droga / Wycieczka)[2] **statkiem**

W czasie rejsu statkiem wycieczkowym można codziennie zwiedzać nowe miejsca, ale to jest też czas na odpoczynek. Na statku znajdują się różne atrakcje: baseny, sauna, siłownia, boiska sportowe, a nawet lodowisko. Wieczorem można pójść do klubu potańczyć albo obejrzeć spektakl w teatrze. Każdy znajdzie coś dla siebie!

– Na podstawie: https://www.tanierejsowanie.pl/

Wspólna (przejazd / podróż)[3] **samochodem**

BlaBlaCar jest największym na świecie serwisem wspólnych przejazdów. Łączy kierowców, którzy mają wolne miejsce w samochodzie z pasażerami podróżującymi w tym samym kierunku.

Jeśli chcesz podróżować z kimś samochodem, to musisz stworzyć swój profil on-line, wejść na stronę i sprawdzić możliwości przejazdu z jednego miasta do drugiego miasta. Potem trzeba obejrzeć profil kierowcy, zadzwonić do niego i zarezerwować miejsce. Podróżny i kierowca zapłacą za przejazd mniej.

– Na podstawie: https://www.blablacar.pl/

(Przejazd / Lot)[4] **balonem**

To wspaniały prezent dla bliskiej osoby. Możecie lecieć razem nad górami, jeziorami, miastami i podziwiać piękne widoki, poczuć wiatr we włosach, a po wylądowaniu wypić lampkę szampana. Takie emocje zostaną z wami na zawsze!

– Na podstawie: https://katalogmarzen.pl

Trudne słowa

- środki higieniczne: 위생용품
- własny: 자신의
- rejs: 항해, 운항
- poczuć wiatr we włosach: 머릿결이 바람에 휘날리다
- wspólna: 공동의
- łączy: 연결하다
- lot: 비행
- po wylądowaniu: 이륙 후에

B. Proszę wybrać zdanie zgodne z tekstem.
글에 **부합하는** 문장을 고르세요.

① W pociągu można pożyczyć śpiwór.
② Na statku jest wiele różnych rozrywek.
③ Za wspólny przejazd samochodem nie trzeba płacić.
④ Przed lotem balonem trzeba wypić lampkę szampana.

C. Proszę dokończyć zdania.
문장을 완성하세요.

0. Gdybym wybrała/wybrał podróż koleją transsyberyjską, *jechałabym/ jechałbym 7 dni pociągiem*

(~~jechać~~, podziwiać, mieć, wziąć).

1. Gdybym wybrała/wybrał podróż statkiem *wycieczkowym, zwiedzałabym/ zwiedzałbym codziennie nowe miejsca...* __________

(pójść, obejrzeć)

2. Gdybym wybrała/wybrał wspólną podróż samochodem, *stworzyłabym/stworzyłbym profil...* __________

(wejść, sprawdzić, obejrzeć, zadzwonić, zarezerwować, zapłacić, zrobić).

3. Gdybym wybrała/wybrał wspólny lot balonem, *leciałabym / leciałbym nad górami...* __________

(poczuć, wypić)

XI. Proszę porozmawiać z koleżanką / kolegą:
친구와 이야기를 나누어보세요.

A Co by było, gdyby:
- słońce przestało świecić?
- nie było Internetu?
- człowiek mógł mieszkać na Księżycu?
- samochody mogły latać?
- nie było samolotów?
- na świecie żyły smoki?

_______________________________?

B Gdyby słońce przestało świecić,
ludzie spaliby cały czas, ...

XII. Proszę porozmawiać z koleżanką / kolegą i ustalić listę przedmiotów, które wzięlibyście na wycieczkę nad morze i w góry (proszę wykorzystać słowa z ramki, słowa nieznane proszę sprawdzić w słowniku).
친구와 상의하여, 바닷가와 산에 놀러 갈 때 가지고 갈 물품들의 목록을 써보세요(표 안에 있는 단어들을 활용하고 뜻을 모르는 단어는 사전을 찾아보세요).

Typ bagażu: walizka, plecak, torebka
Niezbędne przedmioty:
namiot, termos, czapka z daszkiem, kąpielówki, okulary przeciwsłoneczne, śpiwór, kapelusz, krem do opalania, karimata, latarka, parasol, buty do wspinaczki górskiej, klapki, leżak, ręcznik na plażę, zapałki, strój kąpielowy ...

W góry spakowalibyśmy się do

____

Wzięlibyśmy _______________________________

____

____

____

____

____

Nad morze spakowalibyśmy się do

____

Wzięlibyśmy _______________________________

____

____

____

____

____

Test (평가)

I. Co można wpisać w puste miejsce (______)?
빈칸에 알맞은 표현은?

0. Dziewczyny, ______ mi pomóc?
   ① moglibyście
   ② *mogłybyście*
   ③ może
   ④ będzie mogła

1. Piotr ______ zadzwonić do Anny, ale nie ma jej numeru.
   ① chciała.
   ② chciałaby.
   ③ chcieć.
   ④ chciałby

2. Gdybyś pożyczył mi pieniądze, ______ kupić lepszy samochód.
   ① będziesz mógł
   ② mógłbym
   ③ mogłem
   ④ mogę.

3. Gdyby dzisiaj ______ poniedziałek, nie płacilibyśmy za wejście do muzeum.
   ① jest
   ② będzie.
   ③ być.
   ④ był.

4. Czy ______ pani zmienić termin konsultacji?
   ① mogłaby
   ② mogliby.
   ③ mógłby.
   ④ mogłabyś

5. Gdyby mieli czas, ______ do kina.
   ① poszliby.
   ② poszłybyście
   ③ poszlibyście.
   ④ pójdą

6. Gdybym miała talent językowy, ______ szybko japońskiego.
   ① nauczę się
   ② nauczyłam się
   ③ nauczyłabym się
   ④ nauczyłby się

7. Gdybyśmy teraz zaczęli oszczędzać pieniądze, za rok ______ na wspaniałe wakacje.
   ① pojechalibyśmy
   ② pojechali
   ③ pojechaliśmy
   ④ pojedzie

II. Proszę popatrzeć na bilet kolejowy, ułożyć 5 pytań i zadać je koleżance/koledze.

PKP

CIV 1251

BILLET+RESERVATION
Szczególne warunki taryfowe
EC Berlin Warszawa Express

01 miejsce
DO SIEDZ./SITZWAGEN

30	(zegar)	OD / VON / DE	→ DO / NACH / A
02.02 *	14.20 *	POZNAN GL * ->	BERLIN HBF *

30	(zegar)	KL. / CL.
02.02 *	17.26 *	2 *

POC. 44 WAGON 267 31 OKNO

Wag. bez przedziałów Dla niepalących

01 Berlin-Poznań-Specjal Przewoźnik: 1251 1080
C.globalna Bez wymiany/zwrotu

PLN ***69,92
EUR ***19.00

510034341126 NIP 5262544258 PTU 0% PLN ***0,00
113557555 Poznań Gł. 0054*030619005/009 GOTÓWKA
A 011355755 012975 07.01.08 17:34 AEO 04093543

© CIT 1996

0. Co to jest?

1. ______________________________?

2. ______________________________?

3. ______________________________?

4. ______________________________?

5. ______________________________?

Czy wiesz, że...

알고 있나요...

— Trolejbus (트롤리버스)

— Dorożka (마차)

폴란드에서 가장 인기있는 대중교통 수단은 버스, 트램(노면 전차), 기차이고, 어떤 지역에는 트롤리버스도 다닙니다. 지하철은 바르샤바에만 있고, 관광 도시에서는 마차도 탈 수 있어요.

Najbardziej popularne środki transportu publicznego w Polsce to autobusy, tramwaje, pociągi, w niektórych miastach trolejbusy. Metro jest tylko w Warszawie. W miejscach turystycznych można przejechać się dorożką.

폴란드는 도시마다 교통권과 가격이 다릅니다. 표는 키오스크나 티켓발매기, 휴대전화 앱을 이용해서 살 수도 있고, 운전사에게서 살 수도 있습니다. 어떤 도시에서는 버스 내에 설치된 리더기에 직불카드를 대는 터치 결제 방식으로도 표를 구매할 수 있어요. 만일 한 도시에 하루 이상 머물고, 여행 중에 교통수단을 자주 이용할 계획이라면 기간권(1일권, 7일권, 주말권, 1개월권)을 이용하는 것이 좋습니다. 그러면 탈 때마다 돈을 지불하며 표를 사지 않아도 되고, 기간권을 이용하는 기간 중 한 번만 돈을 내면 된답니다.

W każdym polskim mieście obowiązują inne rodzaje biletów i inne ceny. Bilety autobusowe można kupić w kiosku lub w specjalnych automatach, przez aplikację w telefonie albo u kierowcy. W niektórych miastach za bilet można zapłacić kartą płatniczą poprzez zbliżenie jej do odpowiedniego czytnika, który znajduje się w autobusie. Jeżeli zamierzamy przebywać w jednym mieście dłużej niż jeden dzień i często podróżować autobusami, warto kupić bilet okresowy (jednodniowy, siedmiodniowy, weekendowy lub miesięczny), wtedy nie trzeba płacić za każdy przejazd, tylko raz na kilka dni lub za miesiąc podróżowania.

기차표의 경우에는 역의 매표소, 티켓발매기 혹은 인터넷에서 구매할 수 있습니다. 기차에 타고 나서 검표원에게서 직접 살 수도 있지만, 이 경우엔 검표원이 표를 검사하러 오기 전에 요청해야 한다는 것을 꼭 기억하세요. 그리고 가격도 조금 더 비싸답니다. 표를 소지하지 않고 탑승하면 벌금이 부과됩니다.

Bilety kolejowe można kupić w kasach lub automatach na dworcu kolejowym albo przez Internet. Możliwy jest również zakup biletu w pociągu u konduktora, ale wówczas należy pamiętać, że musimy zgłosić to wcześniej, zanim konduktor przyjdzie do nas. Taki bilet zakupiony u konduktora jest trochę droższy. Za przejazd bez biletu konduktor wypisuje karę.

대중교통 수단을 이용할 때는 중고등학생, 대학생, 가족, 단체, 퇴직자, 장애인을 위한 할인을 적용받을 수 있습니다. 영화관이나 박물관 등에서도 이러한 할인 티켓이 있는지 항상 물어보는 것이 좋습니다.

W publicznych środkach transportu są zniżki na bilety dla uczniów, studentów, rodzin, grup zorganizowanych oraz emerytów i inwalidów. Zawsze warto zapytać o niższą cenę biletu dla tych samych grup np. w kinie lub muzeum.

LEKCJA

9

W Polsce na pewno warto...

폴란드에서 꼭 해볼 만한...

학습목표

- 길을 묻고 설명할 수 있다.
- 폴란드에서 가장 중요한 지역 및 명소에 대해 설명할 수 있다.
- 축제에 대한 정보를 공유할 수 있다.
- 폴란드 지도를 보고 주요 도시의 위치를 파악한다.

1. **Proszę popatrzeć na zdjęcia i powiedzieć, co przedstawiają.**
   위의 사진을 보고, 무엇을 나타내는지 말해보세요.
2. **Czy była Pani/był Pan w tych miejscach w Polsce?**
   폴란드에서 위와 같은 장소에 가본 적이 있나요?
3. **Czy w Korei są podobne miejsca? Gdzie? Czy była Pani/był Pan tam?**
   한국에도 비슷한 장소들이 있나요? 그곳에 가본 적이 있나요?

I. Proszę poszukać w Internecie, gdzie znajdują się miejsca podane w ramce i podpisać mapę Polski.

상자에 표시된 장소를 인터넷에서 검색하고 폴란드 지도에 표시하세요.

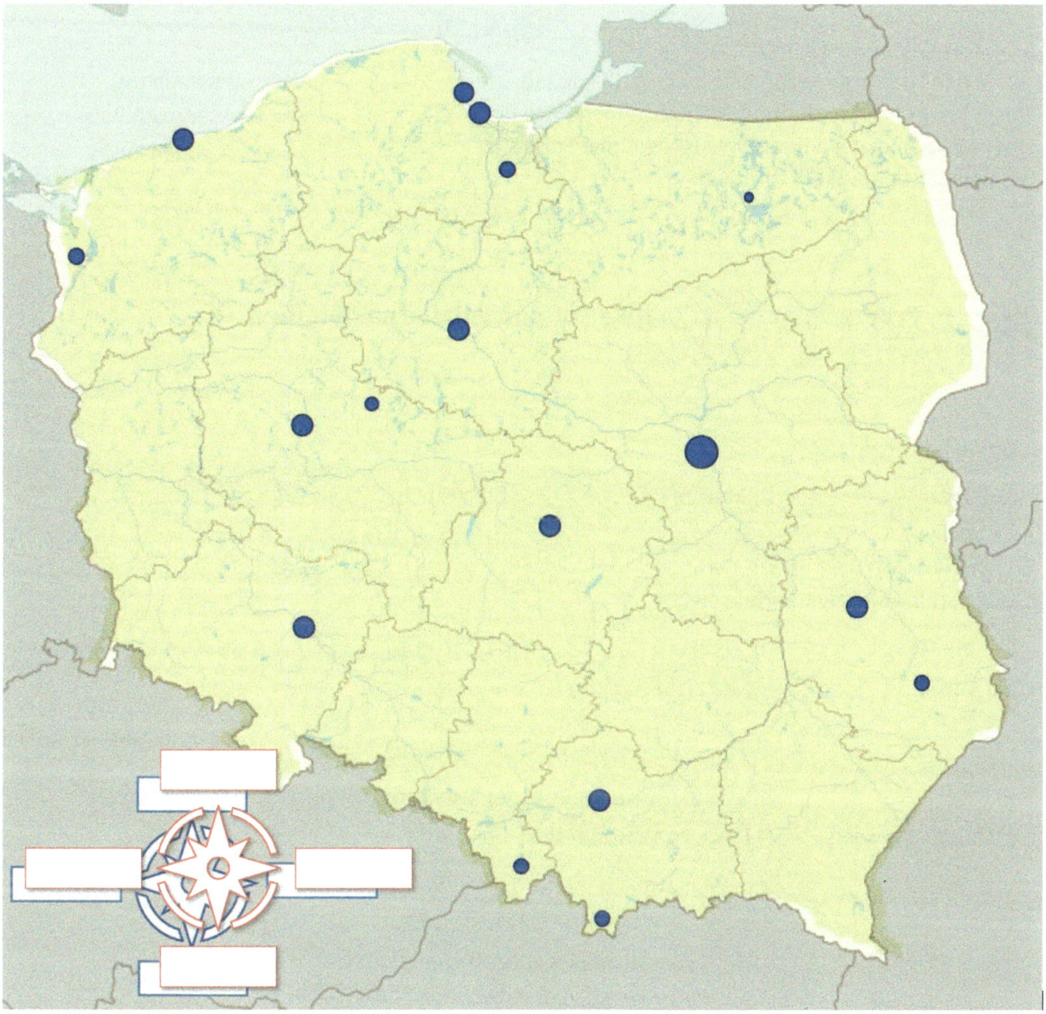

Kraków Warszawa Gdańsk Gniezno Kołobrzeg Lublin Łódź Malbork Mikołajki Poznań Sopot Szczecin Toruń Wrocław Zakopane Zamość Żywiec	Niemcy Słowacja Czechy Rosja Litwa Białoruś Ukraina	Karpaty Bieszczady Tatry Sudety Puszcza Białowieska Morze Bałtyckie Wisła Odra Mazury Kaszuby
północ południe wschód zachód	□ plaża, -e □ góra, -y □ jezioro, -a □ las, -y	

GRAMATYKA (문법) – BYĆ, LEŻEĆ, ZNAJDOWAĆ SIĘ (CZ. STATYCZNE + PRZYIMKI)(상태동사 BYĆ, LEŻEĆ, ZNAJDOWAĆ SIĘ와 전치사)

leżeć – znajdować się – być – spędzać:
W, NA + Ms **OBOK, U** + D **NAD** + N

leżeć **u** (+ D) stóp góry/gór, Tatr, Karpat, Bieszczad	ale: u stóp Sudetów
na (+ Ms) północy/południu/wschodzie/zachodzie (D) Polski	**w** (+ Ms) centrum Polski
w (+ Ms) północnej/południowej/zachodniej Polsce	**we** wschodniej Polsce
znajdować się **nad** (+ N) morzem	

II. Proszę spojrzeć na mapkę i odpowiedzieć na pytanie.
지도를 보고 다음 질문에 답하세요.

1. Gdzie leży/leżą:

a) Łódź b) Malbork c) Szczecin d) Lublin
e) Gdańsk f) Gniezno g) Tatry (l.mn.)

2. Gdzie znajduje się/znajdują się:

a) Kołobrzeg b) Wisła c) Poznań d) Kaszuby (l.mn.)
e) Odra f) Morze Bałtyckie

3. Gdzie jest/są:

a) Kraków b) Toruń c) Mikołajki d) Karpaty
e) Zakopane f) Puszcza Białowieska

Zakopane leży u stóp Tatr
Warszawa jest w centralnej Polsce.
Odra znajduje się na zachodzie Polski.

GRAMATYKA (문법) – IŚĆ – JECHAĆ – WRACAĆ (CZ. RUCHU + PRZYIMKI)
(동작동사 IŚĆ, JECHAĆ, WRACAĆ와 전치사)

iść – jechać – wracać:	
W, NAD, NA + B	w góry, nad morze, na plażę
OD, DO, ZNAD, Z + D	od lekarza, do domu, znad morza, z gór

III. Proszę popatrzeć na rysunek i przedyskutować z koleżanką lub kolegą. 그림을 보고 이야기 나눠보세요.

Gdzie spędzisz długi majowy weekend (1.05-3.05)?

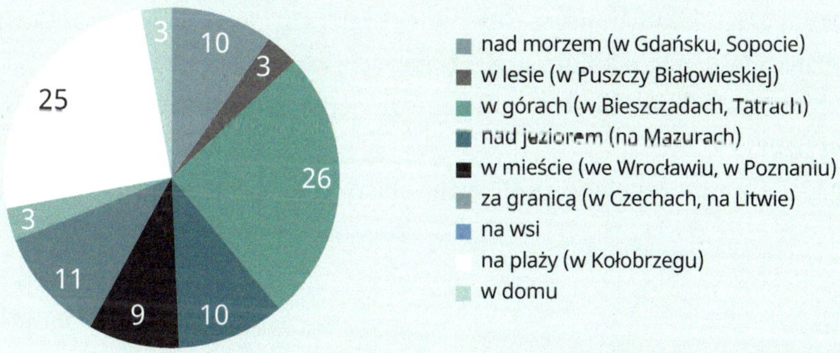

– 출처: https://trojmiasto.wyborcza.pl/trojmiasto/7,35612,23735751,wakacje-z-instagrama-najgoretsze-miejsca-w-polsce-to-nie.html?disableRedirects=true

1. Dokąd lubią jeździć turyści w Polsce? Jak myślisz, dlaczego?
   Polscy turyści jeżdżą nad morze, bo...

2. Dokąd lubią jeździć Koreańczycy? Dlaczego?
   Koreańczycy długi weekend lub wakacje spędzają nad morzem, bo...

Dialog (대화)

Haram Marta, mam dobrą wiadomość! Dostałem stypendium i w lipcu pojadę do Polski na kurs językowy!

Marta To świetnie! Gdzie jest ten kurs i ile trwa?

Haram Kurs jest w Krakowie. Będę uczył się polskiego przez miesiąc, a potem w sierpniu będę przez miesiąc podróżować! Byłem już nad polskim morzem... Dokąd polecasz pojechać?

Marta Polecam polskie góry! W Polsce na pewno warto jechać w Bieszczady, Tatry i Sudety, bo tam są piękne krajobrazy, a w wysokich górach są ciekawe szlaki!

Haram Chyba nie będę przez cały sierpień chodzić po górach...

Marta No... nie, ale u stóp gór jest wiele pięknych miast i zabytków, które warto zwiedzić! W Krakowie koniecznie trzeba zobaczyć Wawel i kościół Mariacki, bo to cenne zabytki na liście UNESCO, a potem pojechać do Zakopanego lub do innego miasta.

Haram O, to w Polsce też są zabytki UNESCO?

Marta Oczywiście! Poza tym przez cały rok w Krakowie i jego okolicy można wziąć udział w różnych festiwalach kulturowych. Naprawdę warto!

Haram Czy mogłabyś poszukać ze mną informacji w Internecie i pomóc mi zaplanować wyjazd?

Marta Jasne! Ale może najpierw zjedlibyśmy obiad? Nie można pracować z pustym żołądkiem.

Dokąd polecasz pojechać?	어디에 가면 좋을지 추천해 줄래?	
na pewno	꼭, 반드시	
ciekawe szlaki	흥미로운 탐방로	szlak, -i
chodzić po górach	하이킹을 하다	chodzić po + N
jest wiele zabytków	많은 유적들이 있다	zabytek, -i
cenne	기치가 있는, 귀한	cenny
zabytki na liście UNESCO	유네스코 문화유산	
w Krakowie i jego okolicy	크라쿠프와 그 근교에는	
można wziąć udział w festiwalach kulturowych	문화행사(축제)에 참여할 수 있다	festiwal, -e brać udział w + Ms
pracować z pustym żołądkiem	먹지 않고 일하다, 빈속에 일하다	

IV. Proszę podkreślić zdanie zgodne z dialogiem.
대화문에 부합하는 문장을 고르세요.

a. Marta myśli, że warto pojechać nad polskie morze.

b. Haram pojedzie w sierpniu do Polski i będzie uczył się polskiego przez miesiąc.

c. Haram nie wiedział, że w Polsce są zabytki UNESCO.

d. Marta i Haram najpierw razem zaplanują podróż do Polski, a potem zjedzą obiad.

V. Proszę przetłumaczyć wyrazy z ramki i uzupełnić tekst.
표 안에 있는 표현의 뜻을 해석하고, 글을 완성하세요.

A może lato nad polskim morzem? Odpoczynek nad Bałtykiem
Kołobrzeg – Ustka – Łeba – Władysławowo – Hel

Oferujemy tanie *zakwaterowanie*[0] w domkach lub miejsce na polu namiotowym. ______________[1] do wypożyczalni żaglówek (30% dla naszych klientów). ______________[2] (obiad i kolacja) w cenie. Kurs windsurfingu i wiele innych atrakcji nad pięknym polskim morzem!

baltykjestthebest@gmail.com

Weekendowe wycieczki po Tatrach z ______________[3]

Pokażemy wam Tatry, Zakopane, Podhale i okolice. W Tatrach można robić wszystko: ______________[4], poznawać miasta u stóp gór, a nawet wziąć udział w ______________[5] rzeką Dunajec. Z nami będziecie bezpieczni w górach! Zapraszamy uczniów ze szkoły podstawowej i liceum, firmy, ______________[6] .

Pakiet: 1 weekend = 350 zł　　3 weekendy = 800 zł　　__________ podróżne[7] = 500 zł

tel.: 12 445 23 23　　tatryzprzewodnikiem.pl

Zakopane zaprasza na zimowy odpoczynek!

Zakopane to zimowa stolica Polski! Z naszym biurem podróży na pewno spędzisz wspaniały urlop i zrelaksujesz się w ______________[8] hotelu obok stoku narciarskiego! Oferujemy atrakcyjne promocje dla rodzin i dużych grup! W cenie: sauna, basen, bilard.

Dla gości, którzy będą z nami co najmniej dwa tygodnie: Jeden nocleg ______________[9]!

hotelatlantis.pl

gratis	~~zakwaterowanie~~	zniżki	luksusowym
spływie kajakowym	wyżywienie	wspinać się	
turystów indywidualnych	przewodnikiem	ubezpieczenie	

VI. Proszę wybrać zdanie niezgodne z treścią ogłoszeń.
여행상품의 내용에 **부합하지 않는** 문장을 고르세요.

a. Wycieczka w góry z przewodnikiem jest bezpieczna.

b. W ogłoszeniu nie ma numeru telefonu do hotelu w Zakopanem.

c. Nad morzem można znaleźć tani nocleg z wyżywieniem.

d. Za saunę w hotelu w Zakopanem trzeba dodatkowo zapłacić.

GRAMATYKA (문법)

TRZEBA / WARTO / MOŻNA + bezokolicznik

Trzeba myć zęby rano i wieczorem.
W Polsce warto pojechać w góry i nad morze.
Za świetny wynik można dostać stypendium.

VII. Proszę posłuchać nagrania i wybrać poprawną odpowiedź.
녹음을 듣고 정답을 고르세요.

1. Jaki jest główny temat rozmowy?

① wyjazd w góry ② egzamin
③ festiwal ④ bilety

2. Która z odpowiedzi jest **zgodna** z nagraniem?

① Kobieta zarezerwowała tani hostel.
② Mężczyzna znalazł informację o festiwalu muzyki organowej.
③ Kobieta kupi bilety na podróż.
④ Mężczyzna nie wie, gdzie leży Kazimierz.

3. Zaznacz na planie miejsca, o których mówili mężczyzna i kobieta.

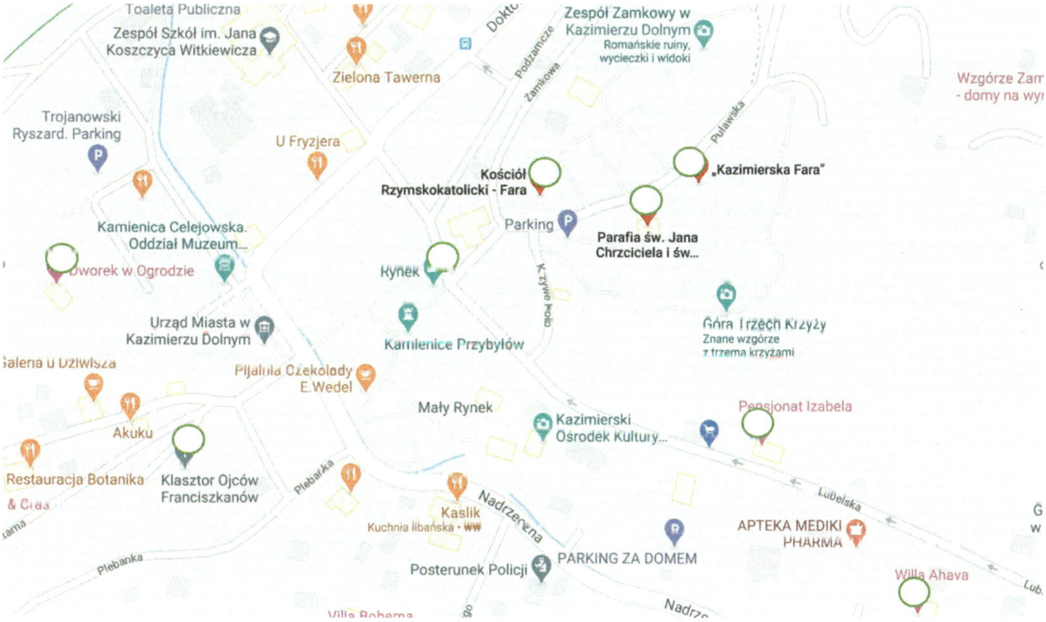

VIII. Proszę przeczytać instrukcje i zaznaczyć miejsca na mapie.
설명을 읽고 지도에 장소를 표시하세요.

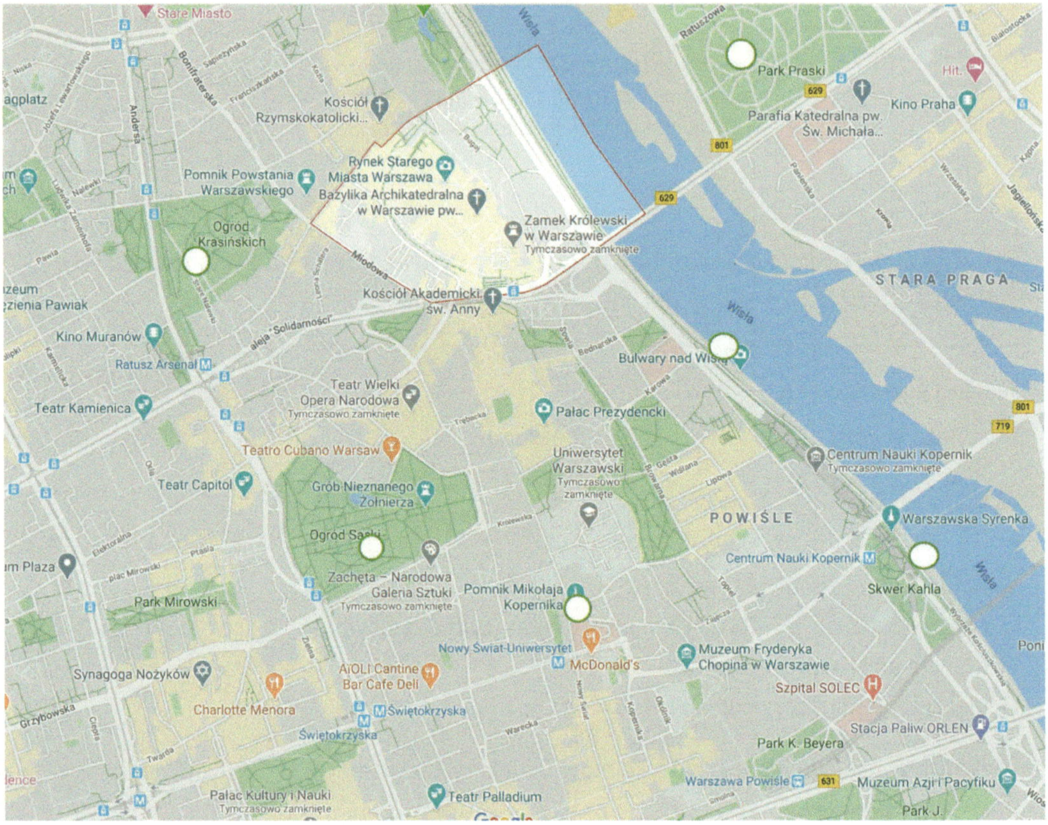

1) To miejsce w centrum miasta, w którym można odpocząć. Czasami chodzę tam na spacer. Wysiadam z autobusu obok Zamku Królewskiego. Idę wzdłuż alei Solidarności nad rzekę. Potem jest most, a na drugim brzegu rzeki, po lewej stronie jest to miejsce.

2) To wizytówka Warszawy. Czasami chodzę tam robić zdjęcia. Idę z Uniwersytetu Warszawskiego ulicą Browarną, a potem ulicą Topiel. Po prawej – Muzeum Chopina, ale ja skręcam w lewo i idę aż do stacji metra Centrum Nauki Kopernik. To miejsce jest nad rzeką, obok metra.

IX. Proszę zapytać koleżankę/kolegę o drogę:
친구에게 길을 물어보세요.

a) od Pałacu Kultury do Zamku Królewskiego
b) z metra Ratusz do Teatru Wielkiego
c) z uniwersytetu do metra Świętokrzyska

Jak dojść do...?
Trzeba skręcić w lewo/w prawo
/iść prosto/ wzdłuż/ ulicą zawrócić...
Potem można iść prosto...
Potem trzeba skręcić...

X. Proszę przeczytać tekst i uzupełnić tabelkę o brakujące informacje.
글을 읽고 빈칸을 채우세요.

	Od kiedy jest organizowany?	Miejsce?	Termin?
Festiwal „Nowe Horyzonty"			
Festiwal Muzyki Filmowej			
Festiwal „Pięć Smaków"			

Międzynarodowy Festiwal Filmowy „Nowe Horyzonty”

• Co to?

Nowe Horyzonty to jeden z najważniejszych festiwali filmowych w Polsce. Autorem tej idei jest Roman Gutek, człowiek, który przedstawił polskim widzom filmy Almodovara, von Triera, czy Jarmusha. Pierwszy festiwal odbył się w 2001 roku.

• Kiedy i gdzie?

Festiwal otwiera się co roku w sierpniu we Wrocławiu.

Festiwal Muzyki Filmowej

• Co to?

Jedna z najważniejszych imprez o muzyce filmowej na świecie organizowana od 2008 roku.
Gośćmi festiwalu byli najsławniejsi kompozytorzy muzyki filmowej z Polski i ze świata: Howard Shore („Władca Pierścieni”), Wojciech Kilar („Pianista”), czy Hans Zimmer („Gladiator”).

• Kiedy i gdzie?

W tym wyjątkowym festiwalu można uczestniczyć co roku w maju, w Krakowie.

Azjatycki Festiwal Filmowy „Pięć Smaków”

• Co to?

Ten festiwal jest corocznym przeglądem kina z Azji Wschodniej, Południowo-Wschodniej i Południowej. Od 2006 roku można tutaj obejrzeć najnowsze, starannie wybrane premiery filmów i klasyczne dzieła azjatyckich reżyserów.

• Kiedy i gdzie?

Ten festiwal jest organizowany w Warszawie w listopadzie z okazji Warszawskiego Festiwalu Filmowego.

XI. Dla kogo są te festiwale? Proszę posłuchać nagrania i dopasować wypowiedź do odpowiedniego festiwalu.

누구를 위한 축제일까요? 녹음을 듣고, 어떤 축제에 대한 설명인지 써보세요.

Festiwal Muzyki Filmowej	Festiwal „Pięć Smaków”	Festiwal „Nowe Horyzonty”

XII. Proszę porozmawiać z koleżanką/kolegą i zapisać odpowiedzi.

친구와 대화를 나누고, 질문에 대한 답을 쓰세요.

1. Jakie festiwale cię interesują? Dlaczego?

2. O jakich festiwalach ostatnio słyszałaś/słyszałeś?

3. Gdzie mieszkasz? Jakie festiwale organizowane są w twojej okolicy?

4. Gdzie szukasz informacji o festiwalach i wydarzeniach?

5. Jakie festiwale organizowane są wiosną, latem, jesienią, zimą? Dlaczego?

XIII. Proszę napisać krótką notatkę o festiwalu lub wydarzeniu, o którym mówili koleżanka lub kolega. (50 słów)

친구들이 말한 축제나 행사에 대해 간단하게 기록하세요.(50자)

Naprawdę warto:

XIV. Proszę przeczytać notatkę na blogu i wypisać przyimki z towarzyszącym przypadkiem.

블로그의 글을 읽고, 글에 나오는 전치사와 함께 사용된 격변화 표현을 찾아 쓰고, 예시처럼 표시하세요.

Mój region – województwo śląskie

Cześć! Jestem Magda i mieszkam w południowym regionie Polski, w Katowicach. Katowice są stolicą województwa i młodym miastem, bo w 2015 roku skończyły 150 lat. Symbolem Katowic jest Spodek, czyli budynek, który przypomina z zewnątrz latający spodek (tzn. UFO). W Spodku odbywają się ważne imprezy sportowe, koncerty i konferencje naukowe. Na północy regionu leży Częstochowa, miasto, w którym w klasztorze na Jasnej Górze znajduje się znany obraz Matki Boskiej. Na południu leży miasto Żywiec – słynie przede wszystkim z piwa, ale Żywiec jest też popularnym miejscem turystycznym. Na zachodzie, niedaleko Katowic jest jedyna w Polsce... pustynia! Ludzie mówią, że Pustynia Błędowska powstała z piasku, który rozsypał diabeł, bo w ten sposób chciał ukryć kopalnię srebra. Tradycyjną potrawą mojego regionu są kluski śląskie z gotowanych ziemniaków i mąki ziemniaczanej. W moim regionie mówimy trochę innym językiem polskim (mówimy po śląsku). Mowa ta nazywa się 'ślůnsko godka' (ślōnskŏ gŏdka). Warto poszukać na YouTubie, jak ludzie mówią po śląsku.

– Na podstawie: http://www.popolskupopolsce.edu.pl/baza-wiedzy

0. mieszkam w południowym regionie – w + Ms

XV. Proszę opisać region, z którego Pani / Pan pochodzi. (150 słów)
당신의 고향이나 출신 지역에 대해 쓰세요.(150자)

Mój region – ____________________

Test (평가)

I. Co można wstawić w puste miejsce (______)?
빈칸에 알맞은 것은?

0. W wakacje pojadę do ______.
   ① *Polski*
   ② Polską
   ③ Polska
   ④ Polskę

1. Andrzej studiuje na ______.
   ① dobry uniwersytet
   ② dobrym uniwersytetem.
   ③ dobrego uniwersytetu
   ④ dobrym uniwersytecie

2. Kraków leży na ______.
   ① południu Polski
   ② południowa Polska
   ③ południe Polski
   ④ południowej Polsce

3. Jutro koniecznie musisz pójść do
   ① lekarza
   ② lekarz
   ③ lekarzu
   ④ lekarzem

4. Moi rodzice jutro wracają ______ morza.
   ① z
   ② od
   ③ znad
   ④ nad

5. Kołobrzeg znajduje się nad ______.
   ① morza
   ② morzem
   ③ morzu
   ④ morze

II. Wybierz właściwą odpowiedź na następne pytanie.
다음 질문에 알맞은 대답을 고르세요.

0. Gdzie leży Polska?

① *W Europie.*
② W centrum Polski.
③ Stolicą jest Warszawa.
④ Obok jest Wrocław.

1. O czym myślisz?

① Tak, myślę o tobie.
② Dziękuję, ale nie o tym myślę.
③ O wakacjach.
④ Myślę, że tak.

2. Czy wiesz, gdzie leży Toruń?

① Tak, Toruń jest niedaleko Bydgoszczy.
② Nie, Toruń nie leży we wschodniej Polsce.
③ Nie, to nie jest blisko.
④ Tak, byłam w Toruniu.

3. Co można robić w Gdańsku?

① Tak, można.
② W Gdańsku warto zobaczyć Bazylikę Mariacką.
③ Trzeba pojechać do Gdańska.
④ Nie, nie można.

4. Jadę do Warszawy w lipcu – co warto tam zobaczyć?

① Polecam Stare Miasto.
② Nie trzeba kupować biletu.
③ Przykro mi, nie mam pieniędzy.
④ Warto kupić bilety wcześniej.

5. Jak dojść do biblioteki?

① Nie idę do biblioteki.
② Biblioteka jest niedaleko.
③ Można tam chodzić codziennie.
④ Trzeba zawrócić, a potem skręcić w prawo.

Czy wiesz, że...

알고 있나요...

폴란드는 다음의16개의 주(州)로 나누어져 있습니다: 1)마조프셰주, 2)바르민스코-마주리주, 3)포모제주, 4)서포모제주, 5)루부스키에주, 6)비엘코폴스카주, 7) 쿠야비포모제주, 8)우치주, 9)돌르노실롱스크주, 10)오폴레주, 11)실롱스크주, 12)시비엥토크쉬스키에주 13)포들라시에주, 14)루블린주, 15)포드카르파치에주, 16)마워폴스카주. 각 주마다 중심도시인 주도가 있으며, 보통 그 주에서 가장 큰 도시가 그 역할을 담당합니다. 마조프셰주의 주도는 바르샤바이고, 마워폴스카주의 주도는 크라쿠프입니다. 각 지역마다 꼭 봐야 할 볼거리나 맛봐야 할 먹거리가 있어요. 예를 들어 마주리 지방에서는 미코와이키(바르민스코-마주리주)에서 배를 타봐야 하고, 말보르크(포모제주)에서는 유럽에서 가장 큰 고딕 양식의 성을 관람해야 해요. 크라쿠프에서는 반드시 '오브바좌넥'이라고 하는 빵을 먹어 보고 마리아츠키 성당의 나팔 소리도 들어봐야 하겠지요. 폴란드의 첫 번째 수도였던 그니에즈노(비엘코폴스카주)에서는 폴란드 역사의 시초에 대해 알 수 있습니다. 천문학자 코페르니쿠스의 고향인 쿠야비포모제주의 토룬에는 맛있는 생강빵 공장이 있고, 루블린주에서는 아름다운 르네상스 도시인 자모시치를 구경할 수 있어요. 바닷가에서는 생선튀김을 꼭 맛보고, 호박 기념품을 사 오는 것이 좋습니다. 폴란드의 남쪽과 서쪽에는 그림처럼 아름답고 높은 산이 있는 카르파티아산맥과 수데티산맥이 있습니다. 북동쪽에는 유럽에서 가장 오래된 원시림인 비아워비에좌 삼림지대가 있고, 이곳에는 유럽의 들소인 주브르가 살고 있습니다.

Polska jest podzielona na 16 województw: 1) mazowieckie, 2) warmińsko-mazurskie, 3) pomorskie, 4) zachodniopomorskie, 5) lubuskie, 6) wielkopolskie, 7) kujawsko-pomorskie, 8) łódzkie, 9) dolnośląskie, 10) opolskie, 11) śląskie, 12) świętokrzyskie, 13) podlaskie, 14) lubelskie, 15) podkarpackie i 16) małopolskie. Każde województwo ma swoją stolicę, a jest nią zwykle największe miasto regionu. Stolicą województwa mazowieckiego jest Warszawa, a małopolskiego – Kraków. W każdym regionie jest coś, co trzeba zobaczyć, lub przysmak, którego należy spróbować. Na przykład na Mazurach, a szczególnie w Mikołajkach (w warmińsko-mazurskim) można żeglować; w Malborku (w pomorskim) można zwiedzić największy zamek gotycki w Europie; w Krakowie koniecznie trzeba spróbować obwarzanków i posłuchać hejnału mariackiego; w Gnieźnie (w wielkopolskim), w pierwszej stolicy Polski, można dowiedzieć się o początkach historii państwa; w kujawsko-pomorskim, w Toruniu, który był rodzinnym miastem astronoma Kopernika, znajduje się fabryka pysznych pierników; a w lubelskim można zwiedzić piękne renesansowe miasto Zamość. Nad morzem na pewno należy spróbować smażonej ryby i warto kupić pamiątkę z bursztynu. Na południu i na zachodzie Polski leżą malownicze, wysokie góry Karpaty i Sudety, a na północnym wschodzie znajduje się najstarszy w Europie las, Puszcza Białowieska, która jest domem europejskiego żubra.

LEKCJA

10 Najłatwiejsze danie na świecie

세상에서 가장 쉬운 요리

학습목표

- 음식에 대해 묘사하고, 조리법을 설명할 수 있다.
- 수량 및 계량(무게나 용량 등) 표현(계량용기 + 소유격)을 익힌다.

1. **Czy zdrowo się Pani/Pan odżywia? Jakie jest Pani/Pana ulubione jedzenie?**
   당신은 건강한 식습관을 갖고 있나요? 좋아하는 음식은 무엇인가요?
2. **Gdzie najczęściej kupuje Pani/Pan jedzenie?**
   먹거리는 주로 어디서 사나요?
3. **Jaką potrawę umie Pani/Pan ugotować?**
   어떤 요리를 할 줄 아나요?
4. **Gdzie szuka Pani/Pan przepisów?**
   조리법은 어디서 주로 찾나요?

I. Proszę podpisać obrazki.

그림에 맞는 표현을 쓰세요.

pokroić

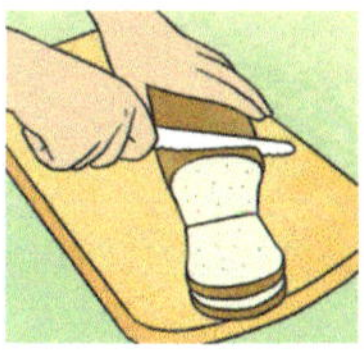

- kroić/pokroić
- lać/nalać
- patelnia
- mąka
- solić/posolić
- szklanka
- dodawać/dodać
- obierać/obrać
- piec/upiec
- smażyć/usmażyć
- smarować/posmarować
- mieszać/ wymieszać
- płukać/wypłukać
- deska do krojenia
- miska
- słodzić/posłodzić

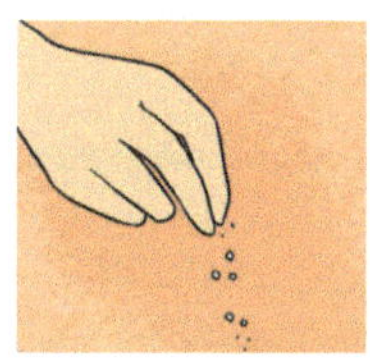

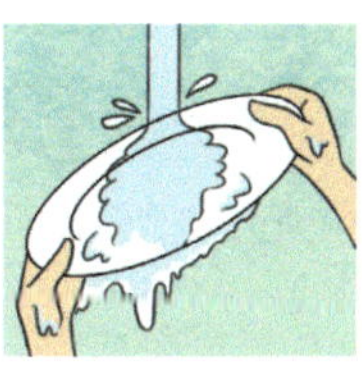

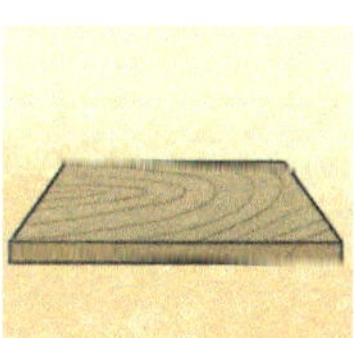

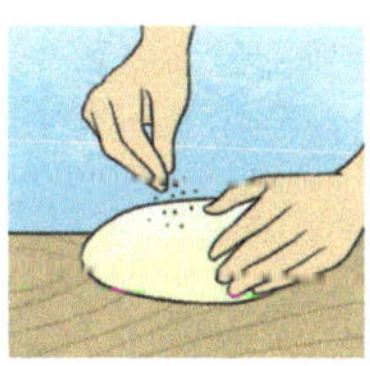

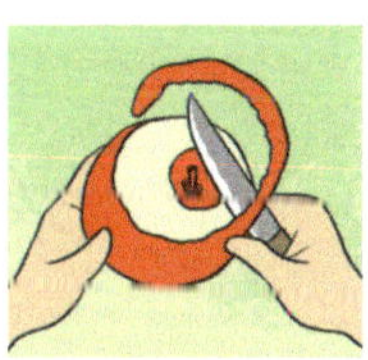

Dialog (대화)

II. Proszę słuchać i uzupełnić dialog słowami z ramki.
듣고 표 안의 단어를 써서 대화를 완성하세요.

łyżeczka	przyjdź	wymieszaj	posmaruj	~~podaj~~	składniki	jedz
dodaj	smaż	kup	nalej			

Haram Cześć Marta! *Podaj*[0] mi proszę przepis na naleśniki. Pamiętasz? Obiecałaś mi wczoraj.

Marta Cześć Haram, przepraszam, byłam bardzo zajęta i zapomniałam. To bardzo proste danie, w Internecie jest dużo przepisów, ale ja podam ci przepis mojej mamy z dokładną instrukcją. Czy masz ________[1]?

Haram Tak, mam mleko, mąkę, jajka, sól i cukier.

Marta To teraz proporcje: 1 szklanka mąki pszennej, 1 szklanka mleka i pół szklanki wody (najlepiej gazowanej), 2 jajka, trochę soli, 1 ________[2] cukru, 3 łyżki oleju.

Haram Dobrze, wszystko mam. Co teraz?

Marta ________[3] do miski jedną szklankę mleka i pół szklanki wody, ________[4] mąkę, jajka, sól. ________[5] wszystkie składniki. Nalej trochę oleju na gorącą patelnię. ________[6] naleśniki z każdej strony po 30 sekund. ________[7] naleśniki dżemem, zrób roladę i ________[8]!

Haram To jest za trudne! Marta, proszę ________[9] do mnie i usmaż pierwszy naleśnik.

Marta No dobrze, będę za godzinę.

Haram Dziękuję! I ________[10] dżem truskawkowy!

przepis na naleśniki	팬케이크 레시피	przepis na + B naleśniki/bulgogi
obiecałaś mi	너는 나에게 약속했어.	obiecywać (ndk)/obiecać (dk) + C (komu?)
Podam ci przepis z dokładną instrukcją	내가 너에게 정확한 설명이 담긴 레시피를 줄게.	podawać (ndk)/ podać (dk), podać + C (komu?) + B (co?)
składniki	성분(재료)	l. poj. składnik
proporcje	(양의) 비율	l. poj. proporcja
z każdej strony po 30 sekund	한 면당 30초씩	

III. Proszę odpowiedzieć na pytania.
질문에 답하세요.

1. Jakie danie chce zrobić Haram?
2. Skąd Marta zna przepis na naleśniki?
3. Jakich składników potrzebuje Haram?
4. Jak długo trzeba smażyć naleśniki?
5. Jakiego składnika Haram nie ma?

IV. Proszę poszukać w dialogu podanych czasowników i wpisać bezokolicznik. 아래에 주어진 동사를 대화문에서 찾아, 동사원형을 쓰세요.

0. podaj – *podać*
1. wlej – ____________
2. dodaj – ____________
3. wymieszaj – ____________
4. posmaruj – ____________
5. smaż – ____________
6. zrób – ____________
7. jedz – ____________
8. przyjedź – ____________
9. kup – ____________

Ile?
pół + **D szklanki**
szklanka + **D mleka**
pół + **D łyżeczki** + **D soli**
trzy łyżki olej**u**

GRAMATYKA (문법) – TRYB ROZKAZUJĄCY(명령법)

TRYB ROZKAZUJĄCY			
Prośba		**Polecenie, rozkaz**	
Proszę, **przyjdź** do mnie. **Podaj** mi sól. **Wymieszaj** wszystkie składniki. **Daj** mi spokój!			
Koniugacja 1 **-ę, esz**	2 os. **ty** nalejesz – **nalejesz** → nalej! Uwaga: zamknąć → zamkniesz → zamknij! *(umyć, serwować, smarować, kliknąć)*	— nalej niech naleje (ona/on/pani/pan)	nalejmy nalejcie niech naleją (one/oni/państwo)
Koniugacja 2 **-ę, isz/ ysz**	2 os. **ty** kupisz – **kupisz** → kup! alternacje: r**o**bisz → r**ó**b! chodzisz → cho**dź**! zapomnisz → zapomn**ij**! *(usmażyć, solić, słodzić)*	— kup niech kupi (ona/on/pani/pan)	kupmy kupcie niech kupią (one/oni/państwo)
Koniugacja 3 **-m, -sz**	3 os. **oni** jedzą – **jedzą** → jedz! *(obierać, mieszać, podać)*	— jedz niech je (ona/on/pani/pan)	jedzmy jedzcie niech jedzą (one/oni/państwo)

UWAGA!

być	BĄDŹ!	BĄDŹMY!	BĄDŹCIE!
wziąć	WEŹ!	WEŹMY!	WEŹCIE!

V. Proszę wybrać poprawą formę.
올바른 형태를 고르세요.

0. Nie (*oglądaj* / ogląda, ty) tak długo telewizji!
1. Kasiu, (pożycz / pożyczy) mi tę książkę do jutra.
2. Nie gotujcie dziś obiadu, lepiej (idą / idźcie) do restauracji.
3. Ta zupa nie ma smaku! (Posól / Posolisz, ty) ją!
4. Dzieci, (jedzcie / jedzą) warzywa codziennie, a będziecie zdrowe.
5. Niech pan (kupił / kupi) żonie piękny prezent!

VI. Pani/Pana koleżanka/kolega z Polski pisze do Pani/Pana na komunikatorze. Proszę jej/mu odpisać.

당신의 폴란드 친구가 메신저에서 메시지를 보냅니다. 친구에게 답장을 쓰세요.

Cześć, podaj mi proszę przepis na kimbab z dokładną instrukcją.

Cześć, jasne, już piszę, jak ja zwykle robię kimbab. Składniki:

Potrzebne słowa:
pokrój, usmaż, zrób, dodaj, wypłucz, ugotuj, obierz, rzepa, marchew, ryż, ogórek, paluszki krabowe, wodorosty, rolada…

VII. Proszę uzupełnić zdania według wzoru.
보기와 같이 문장을 완성하세요.

보기 Proszę cię, żebyś nie *oglądał* tak długo telewizji. (ty, r. m. oglądać)

1. Chcę, żebyście ____________ pokój. (wy, r. m. posprzątać)
2. Piotr poprosił, żeby Adam ____________ z nim w góry. (pojechać)
3. Syn chce, żeby mama ____________ kotlety na obiad. (usmażyć)
4. Zaproponował, żebym ____________ pizzę przez Internet. (r. ż. zamówić)
5. Nauczyciel mówił nam, żebyśmy ____________ do egzaminu. (r.m. przygotować się)

GRAMATYKA (문법) – Zdania podrzędnie złożone ze spójnikiem *żeby*
(접속사 ŻEBY를 사용한 복문)

żeby + bezokolicznik

Idę do biblioteki (po co? dlaczego? w jakim celu?), **żeby wypożyczyć** książki.

Studenci uczą się, **żeby mieć** dobrą pracę po studiach.

VIII. Proszę uzupełnić zdania według wzoru.
보기와 같이 문장을 완성하세요.

보기 *Kup* mleko na kolację! (ty, kupić)

1. ____________ parasole! (oni, wziąć)
2. ____________ ostrożni! (wy, być)
3. ____________ talerz. (pan, podać)
4. ____________ do mnie. (ty, przyjść)
5. ____________ zupę! (ty, posolić)

IX. Proszę przeczytać tekst i zdecydować, które zdania są prawdziwe (P), a które fałszywe (F). 글을 읽고, 참(P)과 거짓(F)을 구분하세요.

Dieta wegetariańska – zdrowa dieta czy modny styl życia

Dieta roślinna jest coraz bardziej popularna. Badania naukowców pokazują, że ten model odżywiania może być rozwiązaniem wielu problemów XXI wieku związanych ze zdrowiem, ekonomią czy ekologią.

Wegetarianizm pochodzi z Indii i proponuje on przede wszystkim zdrowy styl życia, czyli zdrową dietę i aktywność fizyczną. Nie wystarczy tylko zdrowo się odżywiać, żeby być zdrowym. Trzeba też chodzić na siłownię kilka razy w tygodniu lub spacerować codziennie przynajmniej 30 minut.

Niektórzy wegetarianie jedzą tylko produkty roślinne, inni włączają do swojej diety mleko, jajka i ryby. Instytucje, które zajmują się odżywianiem, potwierdzają, że jeśli ta dieta jest dobrze zaplanowana, to jest zdrowa i dla dorosłych, i dla dzieci. Osoby na diecie wegetariańskiej powinny jednak dodatkowo przyjmować witaminę D i B_{12}.

Dieta wegetariańska pozytywnie wpływa na pracę serca. Wegetarianie rzadziej mają problemy z sercem niż osoby, które nie rezygnują z mięsa.

W sklepach można kupić coraz więcej produktów roślinnych, liczba restauracji z wegetariańskim menu cały czas rośnie. Życie dla osób na diecie bezmięsnej jest coraz łatwiejsze.

– Na podstawie: http://www.fundacjadietering.com/wiadomosci/dieta-wegetarianska---zdrowa-dieta-czy-modny-styl-zycia-,15.html?gclid=Cj0KCQjwpLfzBRCRARIsAHuj6qXEMG6gVVC5RBYgyJQrTCZgDS6OsX-cNqwEMm3pfPHNvFg5ZpGBl18aAiMDEALw_wcB

- być na diecie roślinnej = być wegetarianinem
- jeść = odżywiać się
- decydować się na dietę = wybrać sposób odżywiania
- rezygnują z mięsa = nie jedzą mięsa
- włączają do swojej diety = dodają do swojej diety

0. Wegetarianie są na diecie bezmięsnej. (P) F
1. Wegetarianizm jest problemem XXI wieku. P F
2. Wegetarianizm zaczął się w Indiach. P F
3. Trzeba ćwiczyć na siłowni lub spacerować około pół godziny. P F
4. Wegetarianie często mogą mieć chore serce. P F
5. Wegetarianie nie jedzą jajek i ryb. P F
6. Dzieci i dorośli mogą wybrać wegetariański sposób odżywiania. P F

UWAGA!

Nie **jedz/gotuj/oglądaj**

Po przeczeniu używamy najczęściej form niedokonanych.

X. Proszę napisać rady dla Pani/Pana koleżanki/kolegi, która/który chce prowadzić zdrowy tryb życia. 건강한 생활 방식을 원하는 친구를 위한 조언을 써보세요.

✗ Nie jedz słodyczy!	✓ Zrób kolację sam w domu!

Dialog (대화)

XI. Proszę posłuchać dialogu i uzupełnić tekst.
대화를 듣고 글을 완성하세요.

Haram Haram, mam do ciebie prośbę. *Pomóż* [0] mi założyć konto w systemie uniwersyteckim. Na stronie wszystko jest po koreańsku, a ja jeszcze nie znam tak dobrze koreańskiego. Muszę mieć to konto, żeby ______ [1] na zajęcia, żeby sprawdzić swoje obecności i oceny, żeby ______ [2] książki w bibliotece. Bez dostępu do konta niczego nie mogę zrobić.

Haram Oczywiście, ______ [3] laptop, pokażę ci. ______ [4], to jest bardzo proste! Po kolei: ______ [5] na stronę uniwersytetu, kliknij zakładkę „logowanie do systemu", ______ [6] swój adres mailowy, ______ [7] hasło i gotowe. Na adres mailowy dostaniesz link, dzięki któremu będziesz mogła aktywować swoje konto.

Marta Rzeczywiście, już działa! Bardzo ci dziękuję.

system uniwersytecki	대학교 시스템	
konto	계정	
sprawdzić obecności	출석을 확인하다	
kliknij (kliknąć)	클릭하다	
zakładka	북마크	
dostęp do konta	계정에 접속	
po kolei	차례대로	
logowanie	로그인	
hasło	비밀번호	
aktywować konto	계정을 활성화하다	

XII. Proszę wybrać zdanie zgodne z dialogiem.
대화문에 **부합하는** 문장을 고르세요.

a. Marta aktywowała konto razem z Haramem.

b. Haram założył konto dla Marty.

c. Marta bardzo dobrze mówi po koreańsku.

d. Marta dostanie kod dostępu do maila.

XIII. Co musiała zrobić Marta, żeby założyć konto?

Żeby założyć konto, Marta musiała:

Krok 1.: *Otworzyć laptop.* Krok 2.: ______________

Krok 3.: ______________ Krok 4.: ______________

Krok 5.: ______________ Krok 6.: ______________

XIV. Proszę uzupełnić zdania.
문장을 완성하세요.

0. *Wejdź* na stronę sklepu internetowego. (ty, wejść)

1. ______________ na profil internetowy. (ty, zalogować się)

2. ______________ nowy profil na serwisie z ofertami pracy. (ty, założyć)

3. ______________ ikonę w prawym górnym rogu strony. (ty, kliknąć)

4. ______________ hasło do konta. (ty, podać)

XV. Pani/Pana koleżanka/kolega z Polski chce założyć konto na KakaoTalk. Proszę powiedzieć, co ona/on musi zrobić.

폴란드 친구가 카카오톡 계정을 만들고 싶어 합니다. 무엇을 해야 할지 알려주세요.

Krok 1.: Wejdź na stronę....

Krok 2.: ______________________

Krok 3.: ______________________

Krok 4.: ______________________

Krok 5.: ______________________

Bądź w kontakcie z przyjaciółmi z całego świata!

XVI. Proszę połączyć definicje z odpowiednim znaczeniem.

설명에 해당하는 단어와 연결하세요.

0. *Jest to naczynie, w którym mieszamy składniki.* — d. *miska*
1. Jest to sprzęt AGD, potrzebujemy jej, żeby ugotować obiad.
2. Jest to naczynie, z którego pijemy, np. wodę.
3. Jest to bezmięsny posiłek, składa się z jajek.
4. Możemy na niej kroić warzywa.
5. Możemy je jeść na drugie śniadanie w szkole lub w pracy, mogą być z szynką, serem i sałatą.
6. To danie, które składa się z wody, warzyw, przypraw, może być z mięsem i z makaronem. W Polsce je się ją jako pierwsze danie.

a. deska
b. jajecznica
c. szklanka
d. *miska*
e. kanapki
f. zupa
g. kuchenka

Test (평가)

I. Co można wpisać w puste miejsce (______)?
빈 칸에 쓸 수 있는 표현은?

0. Najpierw ______ na konto, potem możesz doładować telefon.
① zalogowałeś się
② *zaloguj się*
③ zaloguję się
④ zaloguje się

1. ______ dziś wieczorem.
① Zadzwoniłeś
② Zadzwoń
③ Dzwonisz
④ Dzwonił

2. Niech pani ______ radio.
① wyłączyła
② wyłącz
③ wyłączy
④ wyłączą

3. Nie masz pieniędzy na studia? ______ kredyt!
① weź
② weźcie
③ weźmie
④ wziął

4. Dziewczyny, ______ okna!
① zamknęli
② zamknij
③ zamkną
④ zamknijcie

5. Sprzedał stary samochód, ______ kupić nowy komputer.
① dlaczego
② żeby
③ bo
④ że

6. Podaj mi ______ na naleśniki.
① receptę
② przepis
③ instrukcję
④ kartę

II. Proszę podpisać znaki. 기호의 의미를 쓰세요.

0. *Nie dotykaj!*

1. ______________________

2. ______________________

3. ______________________

4. ______________________

5. ______________________

III. Proszę połączyć wyrazy. 단어를 연결하여 표현을 완성하세요.

0. *otworzyć*	a. stronę
1. podać	b. hasło
2. kliknąć	c. konto
3. wejść na	d. *komputer*
4. założyć	e. konto
5. zalogować się na	f. zakładkę

Czy wiesz, że...

알고 있나요...

폴란드의 주부들은 보통 여름과 가을에 제철 과일이나 채소로 겨울에 먹을 저장 음식을 만듭니다. 폴란드의 특산품으로는 자두잼, 체리잼, 오이 절임, 파프리카 절임, 산딸기 주스, 체리 주스, 그리고 딸기, 사과, 앵두, 체리 등으로 만든 과일청이 있어요. 겨울철이 되면 이런 식품들을 이용하여 파이를 굽기도 하고, 간식으로 먹거나 다양한 요리에 곁들여 먹습니다. 이런 류의 저장 식품은 시간적 여유가 있는 노년층에서는 직접 만들기도 하지만, 젊은 세대나 직장 일로 바쁜 경우에는 만들어 파는 식품을 구매하거나, 과일이나 채소를 얼려 두고 먹기도 합니다.

Polskie gospodynie domowe latem i jesienią robią przetwory na zimę z sezonowych owoców i warzyw. Polską specjalnością są powidła śliwkowe, konfitury wiśniowe (dżemy), kiszone ogórki, marynowana papryka, soki malinowe, wiśniowe i kompoty owocowe z truskawek, jabłek, wiśni, czereśni. Zimą wykorzystywane są one do pieczenia ciast, jako przekąski i dodatki do różnych dań. Oczywiście najczęściej robią je babcie albo kobiety, które mają na to czas. Młode, pracujące zawodowo gospodynie raczej kupują gotowe przetwory lub mrożą owoce i warzywa w zamrażarkach.

공산주의 시대에 폴란드에서 가장 대중적인 음식점은 '밀크 바'라 불리는 '분식점'이었습니다. 밀크 바는 가격도 매우 저렴하고, 음식 맛도 좋았습니다. 요즘 바르샤바와 같은 폴란드의 몇몇 도시에서는 저렴한 가격에 맛있는 음식을 먹을 수 있고, PRL(폴란드 인민공화국) 시절을 연상시키는 인테리어를 한 레트로 음식점이 다시 유행하고 있습니다. 이런 곳은 주머니 사정이 여의치 않고, 허기를 자주 느끼는 대학생들 사이에서 인기가 많습니다.

W czasach komunizmu w Polsce popularnym typem jadłodajni były bary mleczne. W barze mlecznym ceny były bardzo niskie, a jedzenie – smaczne. Obecnie w niektórych miastach w Polsce (np. w Warszawie) wraca moda na takie restauracje retro, w których można zjeść smacznie i tanio, a wystrój przypomina trochę czasy PRL-u. Takie bary są popularne wśród studentów, którzy zwykle nie mają pieniędzy, a zawsze są głodni.

NOTATKI

LEKCJA

11

Ile to kosztuje?

얼마입니까?

학습목표

- 구매 목록을 작성하고 물건을 살 수 있다.
- 선물과 관련된 폴란드와 한국의 관습에 대해 토론한다.
- 특정 대상을 위한 이상적인 선물에 대해 충고할 수 있다.
- 할인 상품 구매에 관련된 정보를 얻을 수 있다.

1. **Czy lubi Pani/Pan robić zakupy? Dlaczego tak/nie?**
   쇼핑을 즐기나요? 그렇다면(혹은 그렇지 않다면) 그 이유는 무엇인가요?
2. **Czy woli Pani/Pan chodzić do galerii handlowych, czy do małych sklepów? Dlaczego?**
   대형 백화점과 작은 상점 중 어디를 더 선호하나요? 이유는요?
3. **Na co wydaje Pani/Pan najwięcej pieniędzy?** 주로 어디에 돈을 쓰나요?
4. **Komu daje Pani/Pan prezenty?** 주로 누구에게 선물을 주나요?

I. Proszę połączyć słowo z definicją.
뜻에 해당하는 단어를 쓰세요.

oferta	ogłoszenie	~~podatek~~	paragon	rabat/zniżka	reklamacja
gwarancja	gratis	zamówienie	samoobsługa	opłata	

0. pieniądze, które płacimy państwu, czyli procent opłaty, np. 23% *podatek*
1. To znaczy, że w sklepie sam/sama biorę produkt z półki i płacę w kasie. ____________
2. To znaczy, że cena produktu jest niższa niż kiedyś, więc coś kosztuje mniej. ____________
3. To informacja/wiadomość w miejscach publicznych, np. w Internecie, gazecie, w radiu, aby zainteresować nią ludzi. ____________
4. To dokument, który dostajemy w sklepie, kiedy płacimy za zakupy. ____________
5. To są wszystkie produkty i usługi, które sklep proponuje, czyli „oferuje" klientom. ____________

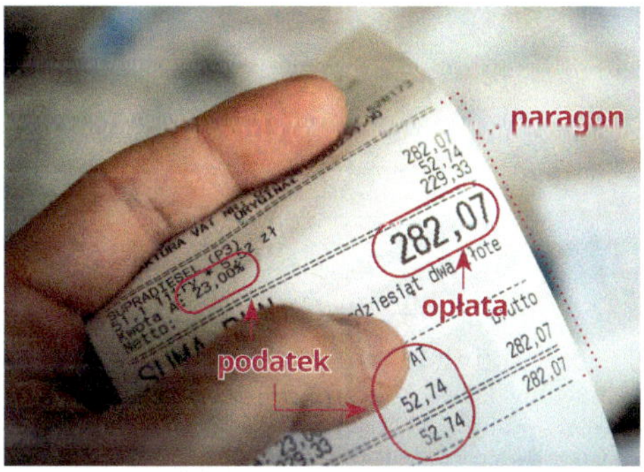

6. To znaczy, że coś dostajemy za darmo i nie musimy za to płacić. ____________
7. To jest coś, co zamówiliśmy, np. w kawiarni, w restauracji, w księgarni albo przez Internet. ____________
8. To jest wiadomość do sklepu lub sprzedawcy, w której mówimy lub piszemy, że produkt nie jest dobry, czyli ma jakieś wady. W tej wiadomości prosimy o nowy produkt albo o nasze pieniądze. ____________
9. To są pieniądze, które klient płaci za produkt albo usługi, czyli cena. ____________
10. To dokument, który dostajemy, kiedy kupujemy np. telefon, pralkę lub zegarek. Producent lub sprzedawca informuje, jak długo (np. rok albo dwa lata) może naprawiać lub dawać nowy produkt bezpłatnie, jeśli produkt się zepsuje. ____________

II. Proszę uzupełnić zdania wyrazami z ramki.
표의 단어를 활용하여 각 문장을 완성하세요.

~~paragon~~, paragonu, gratis, gwarancji, reklamację, zamówienie x 2, rabat

0. Kupiłam wiele produktów i sprzedawca dał mi długi *paragon*.
1. Ola kupiła trzy pary butów, więc sprzedawca dał jej ________ na jedną parę.
2. Nie wyrzucaj ________, bo tylko z nim można oddać towar.
3. Jeśli ten produkt ma wady albo nie działa, można napisać ________ i poprosić o nowy.
4. Dwa tygodnie temu kupiłam książki w Internecie, ale moje ________ jeszcze nie przyszło.
5. ________ numer 4, dwie czarne kawy i sernik!
6. Przykro mi, ale termin ________ już minął, więc nie możemy naprawić pralki za darmo.
7. Jeśli weźmie pani trzy T-shirty, to zapłaci pani tylko za dwa, bo trzeci jest ________!

III. Proszę posłuchać dialogu i uzupełnić luki.
대화를 듣고, 빈 칸을 채우세요.

Mira Panie Jacku, w tym tygodniu kończymy projekt i myślę, że warto zorganizować firmowy piknik w parku nad Wisłą w tę sobotę.

Jacek To świetny pomysł, bo zespół pracował bardzo ciężko i trzeba mu podziękować.

Mira Przygotowałam listę zakupów i chciałabym prosić pana o pomoc.

Jacek Jasne. Co jest nam potrzebne?

Mira Myślę, że trzeba kupić ________[1] kanapek, ________[2] paczek maślanych ciastek, ________[3] kilo owoców, wodę…

Jacek Mała butelka to pół litra wody. Czy ________[4] butelek wystarczy?

Mira Tak, tak. Do tego jeszcze ________[5] litrów soku pomarańczowego i papierowe kubki.

Jacek Możemy też zamówić kilka pudełek pizzy z restauracji nad Wisłą.

Mira Dobry pomysł, ale wolę pizzerię obok naszej firmy, bo ma dobrą ofertę, a ceny są atrakcyjne. Jeśli każdy zje cztery kawałki pizzy, to musimy zamówić ________[6] pudełek.

Jacek O, na pewno dostaniemy zniżkę! Pani Miro, ja mam duży samochód, więc kupię wodę, sok i owoce. Proszę zająć się ciastkami kanapkami i pizzą, dobrze?

Mira Tak. W supermarkecie jest teraz promocja, dwie paczki ciastek w cenie jednej!

Jacek Po lunchu pójdę do księgowego i powiem mu o pikniku, żeby dał nam pieniądze.

Mira Dziękuję, panie Jacku. Ja napiszę po południu do całego zespołu maila z ogłoszeniem o pikniku.

firmowy piknik	회사 야유회	
10 paczek maślanych ciastek	버터 쿠키	maślane ciastko, l.m. -a
papierowe kubki	종이컵	
kilka pudełek pizzy	피자 몇 박스	pudełko + D (pizzy)
cztery kawałki	네 조각	kawałek + D
dwie paczki ciastek w cenie jednej	하나 가격에 두 박스, 1+1 상품	1 paczka + 1 paczka gratis

IV. Proszę odpowiedzieć na pytania.
질문에 답하세요.

1. Gdzie i kiedy Mira i Jacek chcą zorganizować piknik?
2. Komu chcą podziękować i za co?
3. Co zrobi Jacek po lunchu?
4. Co zrobi Mira po południu?

V. Co musi kupić Mira? Co musi kupić Jacek? Proszę uzupełnić tabelę.
미라와 야첵은 각각 무엇을 사야 하나요? 표의 빈칸을 채우세요.

lista zakupów Miry	lista zakupów Jacka
...20 kanapek, ______	______
______	______
______	______
______	______

GRAMATYKA (문법) – DOPEŁNIACZ (ILE?) 소유격(ILE?)

butelka, paczka, puszka, pudełko, kieliszek, kostka, ... + D

→ *butelka sos**u** sojow**ego**, puszka brazylijsk**iej** kaw**y**, kostka polsk**iego** masł**a***

sztuka + D → *dziesięć sztuk jaj**ek***

pół, kawałek, kilo (kilogram, 1 kg), litr (1 l) + D → *pół tort**u**, kilo mąk**i**, litr win**a***

pół (+D) kil**o** + D → *pół kil**o** (500 g) mięs**a***

pół (+D) litr**a** + D → *pół litr**a** (500 ml) wod**y***

VI. Proszę dopasować produkty do kategorii. Niektóre produkty pasują do kilku kategorii. Proszę sprawdzić nowe słowa w słowniku.

각 단위에 어울리는 제품을 분류해 보세요. 어떤 제품들은 여러 가지 단위를 사용할 수도 있습니다. 새로운 단어는 사전을 찾아보세요.

kostka ______________________

paczka ______________________

pudełko ______________________

masło	ciastka	olej	sok	mleko
jabłka	czekoladki	mydło	kukurydza	tabletki
cukier	cukierki	papierosy	alkohol	jajka
woda	bakłażan	bita śmietana	boczek	drożdżówka
ogórki	truskawki	kefir	herbata	kawa
mąka	sos pomidorowy	wino	majonez	wódka
żółty ser	brzoskwinia	makaron	bułka	margaryna
miód	pizza	szynka	tuńczyk	paluszki krabowe
cytryna	kimchi	ryż	dżem truskawkowy	ocet
parówka	piwo	musztarda	pierogi	żelki
lód				

puszka ______________________

sztuka ______________________

butelka ______________________

VII. Proszę napisać listę produktów, które trzeba kupić, żeby przyrządzić poniższe dania (patrz: lekcja 10).
아래 음식을 만들기 위해 사야 하는 제품의 목록을 써 보세요. (10과 참조)

Naleśniki Marty:	Mój ulubiony kimbab:	Mój przepis na ______:
paczka mąki	*paczka wodorostów* kim	______
butelka mleka	______	______
______	______	______
______	______	______
______	______	______
______	______	______
______	______	______

VIII. Proszę przeczytać fragment artykułu, a następnie wykonać zadania A, B i C. 기사를 읽고, 과제 A, B, C를 수행하세요.

(______________________)

Prezenty są ważną częścią różnych okazji i poświęcamy im dużo uwagi.
Zależy nam, żeby prezent podobał się osobie, której go dajemy. Często wybieramy popularne produkty w promocji, takie jak kosmetyki, książki, płyty z muzyką oraz ubrania. Takie prezenty będą dobre dla rodziców, chłopaka, a nawet babci. Mężczyznom najczęściej dajemy w prezencie sprzęt elektroniczny, a kobietom kosmetyki np. perfumy. Ostatnio ten trend zmienia się i paniom coraz częściej kupujemy tablety czy smartfony. Najmłodszym zawsze podobają się zabawki.

Marta (23): Lubię, kiedy chłopak daje mi kwiaty. Nie podobają mi się romantyczne podarunki, złote łańcuszki, pierścionki czy misie, ale kwiaty – kocham!

Jacek (45): Żona zawsze daje mi świetne prezenty na urodziny, np. bilety na koncerty rockowe. Nie wiem, jak jej dziękować!

Dlaczego kupujemy innym podarunki? Żeby powiedzieć im „przepraszam" albo „dziękuję". Niektóre prezenty pomagają naszym bliskim odpocząć, np. zmęczonej mamie chętnie kupujemy wycieczkę do Hiszpanii albo wizytę w spa. W ten sposób możemy jej pokazać, że ją kochamy.

– Na podstawie: https://gerlach.pl/sztuka-obdarowywania-czyli-jakie-prezenty-lubimy-dostawac-od-najblizszych

Trudne słowa

- elektronika = sprzęt elektroniczny = smartfon, tablet itp. 전자제품
- poświęcać: 헌정하다, 바치다
- trend: 트렌드, 경향
- miś: 곰 인형
- prezent = podarunek: 선물
- pierścionek: 반지

A. Proszę wybrać zdanie niezgodne z tekstem.
글의 내용에 **부합하지 않는** 문장을 고르세요.

a. Dzieci lubią dostawać zabawki.
b. Ostatnio kobiety też dostają w prezencie sprzęt elektroniczny.
c. Romantyczne prezenty zawsze podobają się kobietom.
d. Czasami dajemy prezenty, żeby kogoś przeprosić.

B. Proszę wybrać tytuł, który najlepiej pasuje do tekstu. 글에 가장 잘 어울리는 제목을 고르세요.

a. Urodzinowe prezenty
b. Idealny prezent dla mamy
c. Jakie prezenty dajemy i dlaczego
d. Perfumy – nie tylko dla kobiet

C. Proszę odnaleźć w tekście trzy powody, dla których dajemy najbliższym upominki: 가까운 사람들에게 선물을 주는 세 가지 이유를 글에서 찾으세요.

1. ______________________________

2. ______________________________

3. ______________________________

IX. Proszę porozmawiać z koleżanką/kolegą i zdecydować, jaki prezent spodoba się tym osobom. Dlaczego tak wybraliście? 어떤 사람에게 어떤 선물을 주면 좋아할지 친구와 상의해 보세요. 그런 선택을 한 이유는 무엇인가요?

1. 

2. 

3. 

a. 

b. 

c. 

GRAMATYKA (문법) – CELOWNIK (여격)

dziękować
pomagać
opowiadać
powiedzieć
pomagać
służyć
wybaczać
ufać
wierzyć
pożyczyć
dać/oddać

PRZYMIOTNIK i RZECZOWNIK

l. poj.

r. m. -emu -owi		r. ż. -ej -(i)e/-i = Ms		r. n. -emu -u	
mił**emu**	Haram**owi** Uwaga! pan**u**, ojc**u**, brat**u**	kochan**ej**	mamie przyjaciółce (k:c) Marcie (t:ci) Oldze (g:dz)	mał**emu**	dziecku

Dziękuję miłemu Haramowi. Pomagam mojej kochanej mamie.
Ojciec opowiada bajkę małemu dziecku.

l. mn. -ym/-im -om

dobr**ym**	rodzic**om**
drog**im**	przyjacioł**om**
kochan**ym**	siostr**om**
mał**ym**	dzieci**om**

Dzieci ufają kochanym rodzicom.

ZAIMEK OSOBOWY

ja: **mnie/mi**	on: **jemu/mu/niemu**	my: **nam**
ty: **tobie/ci**	ona: **jej/niej**	wy: **wam**
	ono: **jemu/mu/niemu**	oni/one: **im/nim**

Daj mi to! Mnie się to nie podoba. Pożyczę ci. Pomóżmy mu.

X. Proszę wpisać odpowiednią formę.
알맞은 형태를 쓰세요.

0. Lubię pomagać moim *drogim rodzicom* (drodzy rodzice). Często przynoszę *im* (oni) zakupy do domu.
1. Opowiadam ________ (babcia) o moim dniu, bo podoba ___ (ona) się moja praca.
2. Bolek i Lolek powiedzieli swojej ________________(kochana siostra) o nowym filmie, a ona kupiła _____ (oni) bilety do kina.
3. – Słuchaj, bardzo podoba _____ (ja) się Olga...

   - Naprawdę?! Powiedz ______ (Olga), że ____ (ty) się podoba, musisz ____ (ona) powiedzieć!
4. – Nie pożyczaj pieniędzy _________ (ten pan). Nie ufam _______ (on).

   - Nie masz racji, to dobry człowiek. Pomógł ___________ (małe dziecko) znaleźć dom.
5. - Nigdy nie wybaczę temu _________ (głupi Haram)! Popatrz, on cały czas przygląda się ____________ (piękne dziewczyny)...

   - Wybaczysz ________ (on), kiedy przyniesie ______ (ty) kwiaty.
6. Kupiłem takie zegarki w Szwajcarii i dałem je ____________ (dobrzy koledzy). Te zegarki służą ___ (oni) już 10 lat!
7. – Czy Mira oddała ______ (wy) już ten polski film na DVD?

   - Nie, jeszcze _____ (my) nie oddała, bo powiedziała, że jutro pożyczy go _______ (ty).

XI. Proszę odpowiedzieć na pytania, następnie proszę przeprowadzić w grupie ankietę, a potem zaprezentować wyniki.

질문에 답한 후, 조에서 설문을 실시하세요. 다음에 결과를 발표하세요.

1. Komu najbardziej ufamy, a komu nie?	
2. Komu dajemy najwięcej prezentów?	
3. Komu najczęściej pożyczamy pieniądze?	
4. Komu najchętniej pomagamy?	
5. Komu nigdy nie dziękujemy?	

chłopakowi/dziewczynie	rodzicom	przyjaciołom	obcej, miłej osobie
siostrze/bratu	nauczycielowi	lekarzowi	prezydentowi
policjantowi	dziecku	fryzjerowi	

XII. Marta ma urodziny i chcą Państwo zrobić przyjęcie. Proszę porozmawiać z koleżanką/kolegą. Proszę przygotować listę zakupów i zdecydować, jaki prezent kupić Marcie.

마르타의 생일을 맞아 여러분은 파티를 열려고 합니다. 친구들과 상의하여, 쇼핑 목록을 작성하고 마르타에게 어떤 선물을 사줄지도 결정하세요.

XIII. Proszę posłuchać nagrania i zdecydować, gdzie znajdują się te osoby.

녹음을 듣고, 각 장소에 알맞은 대화 번호를 쓰세요.

jubiler	sklep meblowy	sklep papierniczy	kiosk	sklep mięsny

XIV. Proszę posłuchać dialogu w sklepie i uzupełnić paragon Harama.
가게에서의 대화를 듣고 하람이의 영수증을 채우세요.

Sklep osiedlowy „U Mijin"
2020-04-01 22:31

karma dla kota	11,56 zł
4x1 puszka 500g	
woda	3,58 zł
2x1 butelka 1l	
jabłka	2,72 zł
0.78x1kg	
piwo	~~12.52 zł~~ 1 ______
2 _____ x1 puszka 500ml	
makaron ramyeon	11,80 zł
10x1 paczka	
jajka	3 ______
10x1 sztuka	
VAT 23%	11,64 zł
Razem:	4 ______

XV. Proszę porozmawiać z koleżanką/kolegą.
친구와 대화를 나누세요.

"nie kupuję w supermarkecie, kupuję w Internecie"

(% populacji w krajach świata)

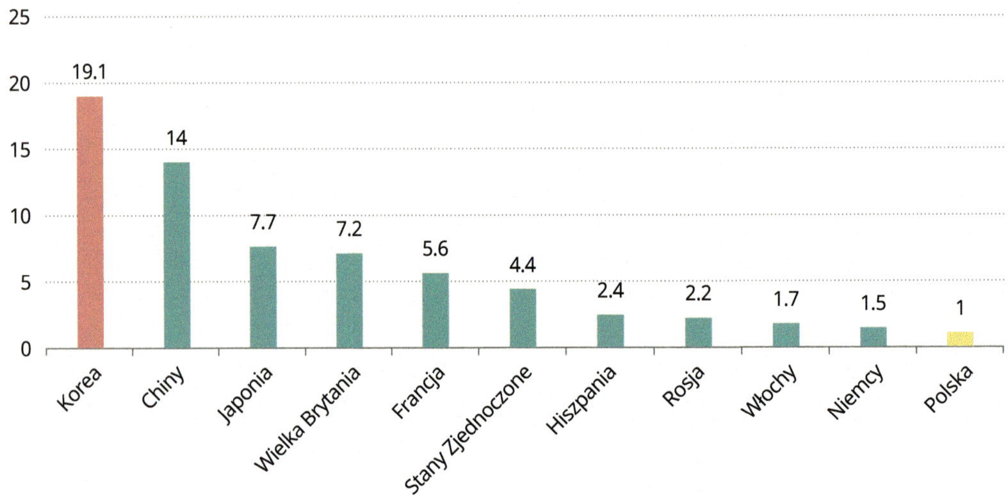

Co w Internecie najczęściej kupują...

Koreańczycy	Polacy
1. jedzenie	1. elektronika (komputer, tablet, smartfon itp.)
2. elektronika (komputer, tablet, smartfon itp.)	2. kosmetyki i perfumy
3. produkty do domu (proszek do prania, papier toaletowy itp.)	3. odzież i obuwie
4. odzież i obuwie	4. produkty do domu (proszek do prania, papier toaletowy itp.)
5. kosmetyki i perfumy	5. jedzenie

– Na podstawie: www.payu.pl, news.joins.com/article/23526020, kosis.kr/search/search.do?query=온라인쇼핑

1. Jak często kupujesz w Internecie? Co zwykle kupujesz?
2. Jakie są plusy robienia zakupów przez Internet, a jakie są plusy kupowania w sklepach stacjonarnych?
3. Czego na pewno nie kupiłbyś/kupiłabyś w Internecie?

Wolę kupować w sklepie / w Internecie, ponieważ…
Przez Internecie najczęściej kupuję…
Na pewno nie kupiłbym/nie kupiłabym w Internecie…

XVI. Proszę popatrzeć na wyrazy z ramki i poszukać tych produktów w Internecie. Proszę przedyskutować z koleżanką/kolegą, a następnie zaproponować: 표에 적힌 표현을 보고, 이 제품들을 인터넷에서 찾아보세요. 친구와 함께 상의를 한 후에, 제안해 보세요.

a) które produkty warto kupić w Polsce, a które w Korei? 폴란드와 한국에서 어떤 것을 사면 좋을까요?
b) komu można dać takie prezenty? 이런 선물을 누구에게 줄 수 있을까요?

alkohol	żubrówka	smartfon	bezprzewodowe słuchawki
bursztyn	pierniki	miód pitny	srebrna/złota biżuteria
bajka dla dzieci	komiks	serial/film na DVD	płyta z muzyką
kurs językowy	kosmetyki	krem do twarzy	ceramika
grzyby	miód	szynka	tradycyjny strój
oscypek	zielona herbata		

Prosto z Polski:

Prosto z Korei:

XVII. Proszę odpowiedzieć na pytania, a następnie zaprezentować swoje odpowiedzi przed grupą. 질문에 답하고, 자신의 답변을 조원들 앞에서 발표해 보세요.

1. Jakie prezenty lubi Pani/Pan dostawać, a jakie dawać? Dlaczego?
2. O czym trzeba pamiętać, kiedy dajemy prezent przyjacielowi/rodzicom/nauczycielowi?

   a) cena prezentu b) relacja c) alergie d) hobby
3. Jakich prezentów nigdy nie można dawać w Korei tym ludziom? Dlaczego?

   a) pacjentowi b) uczniowi przed egzaminem
   c) kobiecie w ciąży d) chłopakowi/dziewczynie
4. Czy uważa Pani/Pan, że ładne opakowanie jest ważne? Dlaczego tak/nie?
5. Czy zdarzyło się Pani/Pan dostać fatalny prezent? Co to było? Co Pani zrobiła/Pan zrobił?
6. Czy lubi Pani/Pan niespodzianki? Dlaczego tak/nie?

Wolę kupować w sklepie / w Internecie, ponieważ...
Przez Internet najczęściej kupuję...
Na pewno nie kupiłbym/nie kupiłabym w Internecie...

XVIII. Proszę przeczytać ofertę sklepu internetowego i odpowiedzieć na pytania. 인터넷 쇼핑몰의 상품 광고를 읽고 질문에 답하세요.

• Oferta nr 778:

PIERŚCIONEK Z BURSZTYNEM

☆ OBSERWUJ OFERTĘ

Napisz do: DORBY SPRZEDAWCA – POLSKA BIŻUTERIA 100%

5,00 ★★★★★ 3 oceny produktu

14 osób kupiło: 21 sztuk

99,90 zł z kurierem

Dostawa GRATIS: przy zakupach od 100 zł (kurier)

Dostawa od 5,90 zł (poczta) zwykle w ciągu 72 godzin

14 dni na REKLAMACJĘ

Zapakuj prezent 0, 00 zł

Dowiedz się więcej

Tabela rozmiarów

Liczba szutk

– 1 + z 5 szutk

OFERUJEMY PAŃSTWU:

• Wyjątkowe pierścionki z polskim bursztynem

• Pierwsze zamówienie: 10% zniżki!

KUP TERAZ

XIX. Proszę uzupełnić e-mail do sklepu internetowego z pytaniem o produkt dostępny w ofercie.
인터넷 쇼핑몰에 해당 상품을 구매할 수 있는지 문의하는 이메일을 써보세요.

- Jakie są zasady promocji?
- Jeśli ten produkt mi się nie spodoba, czy mogę go oddać?
- Ile dni trwa dostawa?
- Jaki jest termin gwarancji?
- Ile kosztuje dostawa?
- Czy dostawa jest gratis?

Dzień dobry,

jestem zainteresowany produktem z oferty nr ________, *ale mam kilka pytań.*

1) ______________________________*? Czy jeśli złożę małe zamówienie, to dostanę zniżkę?*

2) ________________________________*? Chciałbym dać ten pierścionek w prezencie mojej mamie, która ma urodziny za tydzień. Zależy mi na szybkiej dostawie.*

3) ______________________________________*? Jeśli tak, to ile mam dni na reklamację?*

Proszę o szybką odpowiedź.

Z poważaniem

____

Test (평가)

Co można wpisać w puste miejsce (______)?
빈칸에 알맞은 말은?

0. Dam prezent ______.
   ① *Marcie* ② do Marty
   ③ Martą ④ o Marcie

1. Przyglądam się ______.
   ① białe kwiaty ② białymi kwiatami
   ③ białym kwiatom ④ białych kwiatów

2. Opowiedz ______ o tym spotkaniu, proszę!
   ① ci ② moje
   ③ mi ④ twój

3. ______ już się skończyła, więc nie można naprawić pralki za darmo.
   ① gwarancja ② zniżka
   ③ oferta ④ reklamacja

4. Czy te buty mogę kupić taniej ______ 10%?
   ① ze zniżką ② gratis
   ③ z opłatą ④ z ofertą

5. Poproszę pół ______.
   ① litra truskawek
   ② butelki truskawek
   ③ kilograma truskawek
   ④ kostki truskawek

6. – Kocham Adama. - Powiesz ______ o tym?
   ① mi ② mu
   ③ Adama ④ jego

7. – Pomóż nam rozwiązać zadanie z matematyki!
   – Pomogę ______!
   ① im ② ci
   ③ tobie ④ wam

8. – Wierzysz ______? - Nie, nie wierzę ______!
   ① mi - ci ② mi – ty
   ③ mnie - ty ④ ci - mi

9. – Ojej, to nowy telefon, ale nie działa!
   - Musisz napisać ______.
   ① gwarancję ② maila
   ③ podatek ④ reklamację

10. – Daj ______ pilot do telewizora! – O nie, nie dam ______ go!
   ① brata – mu ② bracia – im
   ③ bratu – mu ④ brat – on

Czy wiesz, że...

알고 있나요...

보도나 길거리에 있는*Ruch*(루흐) 혹은 *Kiosk ruchu*(키오스크 루흐)라는 이름의 부스는 아침부터 저녁까지 영업을 하는 매점입니다. 내부에는 판매원이 앉아 있고, 손님은 밖에서 작은 창을 통해 필요한 물건을 요청합니다. 이런 류의 매점에서는 교통권, 신문, 음료수, 과자류, 담배, 화장품 등 여러 가지 일상용품을 살 수 있고, 심지어 인터넷에서 주문한 택배를 수령할 수도 있어요. 폴란드에서는 보통 오전 9시부터 오후 6시나 7시까지 쇼핑을 할 수 있는데, 최근에는 새벽부터 밤 늦게까지 열려 있는 프렌차이즈 편의점인 *Żabka*(자프카 – '작은 개구리'란 뜻)의 인기가 높아지고 있습니다. 폴란드에서는 보통 일요일엔 상점들이 문을 닫기 때문에, 잊지 말고 미리 장을 봐 두어야 합니다. 간혹 상점들이 영업하는 일요일도 있는데, 이를 *niedziela handlowa* (니에지엘라 한들로바 – '판매하는 일요일'이란 뜻)라고 합니다.

폴란드에서는 누군가에게 선물을 하려면 물건에서 가격표를 가리거나 제거하는 것이 예의입니다. 왜냐하면 선물을 사는데 얼마를 지불했는지 보여 주어선 안되기 때문입니다.

Małe budki z napisem *Ruch* lub Kiosk ruchu, które stoją na chodniku lub przy drodze, to sklepiki otwarte od rana do wieczora. W środku siedzi sprzedawca, a klient prosi go przez okienko o potrzebne produkty. W kiosku można kupić wiele artykułów codziennego użytku: bilety, gazety, napoje, słodycze, papierosy, kosmetyki, a nawet można odebrać przesyłkę zamówioną przez Internet. W Polsce zakupy można zwykle robić od 9:00 do 18:00 lub 19:00, ale ostatnio coraz popularniejsze robią się małe sklepy sieci *Żabka*, które otwarte są od świtu do późnej nocy. W Polsce sklepy są zwykle nieczynne w niedzielę. Trzeba o tym pamiętać i robić zakupy wcześniej. Niedziela, w którą sklepy są otwarte, to *niedziela handlowa*.

W Polsce za grzeczność uważa się zakrywanie lub zdejmowanie ceny z rzeczy, którą chcemy komuś podarować, ponieważ nie należy pokazywać, ile pieniędzy wydaliśmy na prezent.

NOTATKI

LEKCJA

12 Wszystkiego najlepszego!

당신에게 좋은 일만 있기를!

학습목표

- 다양한 종교 축일, 새해, 생일, 결혼, 졸업 때 하는 축하인사를 배운다.
- 가족의 기념일, 국경일 및 종교 축일을 맞아서 필요한 구문과 표현을 익힌다.
- 우체국에서 편지 및 소포를 발송하고, 우편 양식을 작성한다.

1. **Proszę popatrzeć na fotografie i powiedzieć, co one przedstawią.**
   위의 사진들을 보고, 무엇을 나타내는지 말해보세요.
2. **Jakie są w Korei popularne święta i uroczystości?**
   한국에서 인기있는 명절과 예식은 무엇인가요?
3. **Z jakiej okazji i w jaki sposób (osobiście, przez Internet, w liście) składamy życzenia?**
   우리는 어떤 계기나 기회에, 어떤 식으로 서로에게 축하와 축복의 인사를 전하나요?

Dialog (대화)

Jacek Nowak Dzień dobry pani Miro! Dokąd pani tak się spieszy?

Mira Yun Idę na pocztę, żeby wysłać paczkę do Korei. Poczta koło naszej firmy jest czynna do 17.00, więc nie mam już dużo czasu.

Jacek Nowak Ja też idę na pocztę. Muszę wysłać kartki świąteczne i odebrać list polecony, ponieważ wczoraj nikogo nie było w domu i listonosz zostawił awizo.

Mira Yun To chodźmy razem. I pospieszmy się!

Na poczcie

Urzędnik Proszę, słucham.

Mira Yun Dzień dobry. Chciałabym wysłać paczkę do Korei Południowej.

Urzędnik Proszę wpisać drukowanymi literami na tym formularzu dane adresata i nadawcy oraz podpisać się w tym miejscu.

Mira Yun Proszę, wypełniłam formularz. Za ile dni paczka będzie w Korei?

Urzędnik Przesyłka ekonomiczna dojdzie za 14 dni, przesyłka priorytetowa do 7 dni.

Mira Yun Ile kosztuje przesyłka priorytetowa?

Urzędnik Paczka waży 2 kg, to będzie 150 zł.

Mira Yun Proszę przesyłkę priorytetową.

Jacek Nowak Proszę 10 znaczków krajowych na kartki i dwie duże koperty.

Urzędniczka 35 zł. Coś jeszcze?

Jacek Nowak Tak, chciałbym odebrać list polecony.

Urzędniczka Proszę awizo i dowód osobisty. Tu jest list dla pana, proszę podpisać w tym miejscu.

Jacek Nowak Dziękuję.

Dokąd pani tak się spieszy?	어디를 그리 급히 가세요?	spieszyć się (lub śpieszyć się)
odebrać list polecony	등기를 받다.	odbierać (ndk)/odebrać (dk) odebrać + B list, paczkę
listonosz zostawił awizo	우편배달원이 통지서를 남겼다.	zostawiać (ndk)/zostawić (dk) zostawić + B
wpisać drukowanymi literami	인쇄체로 기입하다.	drukowane litery
formularz	(서식이 있는)용지	wypełnić + B formularz
dane	정보	
adresat	수신인	
nadawca	발신인	
przesyłka	소포, 화물	
list polecony	등기	
paczka waży	싱자는 무게가 ~이다.	ważyć (ndk)
koperta	봉투	

I. Proszę odpowiedzieć na pytania.
질문에 답하세요.

1. Dokąd spieszy się pani Mira?
2. Co pani Mira chce zrobić na poczcie?
3. Do której otwarta jest poczta?
4. Dlaczego pan Jacek idzie na pocztę?
5. Jaką przesyłkę wybrała pani Mira?
6. Ile waży przesyłka pani Miry?
7. Co kupuje pan Jacek?

II. Proszę odpowiedzieć na pytania, używając słów z ramki. Nowe słowa proszę sprawdzić w słowniku. 표의 단어를 사용하여 질문에 답하세요. 새로운 단어는 사전을 찾아보세요.

~~wysłać list lub paczkę~~, priorytetowa, kupić znaczek, pieniądze, wpłacić lub wypłacić pieniądze, krajowa, doładować telefon, przesyłkę, kupić kalendarz i słodycze, list, zapłacić rachunki, urzędnik, ekonomiczna, urzędniczka, zagraniczna, odebrać list polecony, listonosz, kartkę (pocztówkę, widokówkę), paczkę, listonoszka, polecona

Co można zrobić na poczcie (usługi na poczcie)?

wysłać list lub paczkę, ____________________

Kto pracuje na poczcie?

____

Co można wysłać na poczcie?

____

Jaka może być przesyłka?

____

III. Które słowo nie pasuje?
어울리지 않는 단어는?

0. listonosz, urzędnik, ~~*lekarz*~~, kurier

1. wysłać, pływać, zapłacić, odebrać

2. polecona, priorytetowa, elegancka, ekonomiczna

3. znaczek, okno, koperta, adresat

GRAMATYKA (문법) – ŻYCZYĆ + KOMU (C) + CZEGO (D)

Życzę Ci zdrowia i szczęścia.	*życzyć* + **C** + **D**
Składamy Wam najserdeczniejsze życzenia.	*składać* + **C** + **B**
Dałam wnukowi rower na urodziny.	*dać* + **C** + **B** + **na** (okazja) + **B**
Dziękuję Ci za życzenia.	*dziękować* + **C za** + **B**

IV. Proszę wpisać poprawą formę.
올바른 형태를 쓰세요.

0. Życzymy *ci* dobrych ocen na studiach. (ty)

1. Życzę __________ sukcesów w nowej pracy. (pan)

2. Trzeba podziękować __________ za egzamin. (nauczyciele)

3. Dziękuję __________ za przyjście na nasz ślub. (wy)

4. Często składamy życzenia z __________ świąt. (okazja)

5. Kasia __________ życzenia mamie. (składać)

6. Rodzice __________ dzieciom szczęścia. (życzyć)

V. Proszę przeczytać życzenia z okazji urodzin/imienin/świąt/ślubu i zdecydować, czy życzenia mają formę oficjalną czy nieoficjalną. 각 기념일(생일/명명일/명절/결혼)에 하는 축하 인사를 읽고, 이것이 격식을 갖춘 형태인지 아닌지 판단하세요

a) Z okazji urodzin/imienin

Życzenia nieoficjalne (prywatne):

Drogi Piotrze,

z okazji Twoich urodzin życzę Ci wszystkiego najlepszego, wspaniałych przyjaciół i dużo uśmiechu każdego dnia

ściskam –

Ania

Warszawa, 15 maja 2020 r.

Życzenia ____________________:

Pani Barbaro,

wszystkiego najlepszego z okazji imienin, sukcesów w pracy i spełnienia marzeń

życzy

Anna Nowak

Gdańsk, 4.12.2020 r.

b) Z okazji świąt Bożego Narodzenia i Nowego Roku

Życzenia ____________________:

Wesołych świąt Bożego Narodzenia i szczęśliwego Nowego Roku

życzy Piotr

Olkusz, 16.12.2020

Życzenia ______________:

Poznań, 19 XII 2020

Kochana Aniu! Kochany Tomku!

Życzę Wam zdrowych i wesołych świąt Bożego Narodzenia oraz szczęśliwego Nowego Roku.

Przesyłam uściski i pozdrowienia –

Kasia

Życzenia ______________:

Sanok, 20 grudnia 2002 r.

Szanowni Państwo,

z okazji świąt Bożego Narodzenia i Nowego Roku przesyłam najserdeczniejsze życzenia zdrowia i spokoju

Anna Nowak

c) Z okazji ślubu

życzenia ______________:

Kochani!

Wszystkiego najlepszego na nowej drodze życia, dużo szczęścia i miłości

życzą

Ania i Piotr z dziećmi

Katowice, 2 IV 2020

Kochana Aniu,
wszystkiego najlepszego z okazji imienin, dużo radości, miłości i spełnienia marzeń życzy
Kasia

Kraków, 15.07. 2002 r.

Anna Nowak
ul. Rysia 5/10
40-007 Katowice

znaczek

dane adresata

VI. Proszę przeczytać życzenia i uzupełnić puste miejsca słowami z ramki. 축하 카드를 읽고, 표 안의 단어를 사용하여 빈칸을 채우세요.

najlepszego, Toruń, życzenia, Ania, Pani, maja, świąt, Gabi Lee, imienin

Drogi Piotrze!

Z okazji Twoich *imienin* [0] życzę Ci wszystkiego ____________ [1], wspaniałych przyjaciół i dużo uśmiechu każdego dnia

____________ [2]

Sosnowiec, 10 ________ [3] 2019 r.

Szanowna ________ [4] Profesor!

z okazji ____________ [5] Bożego Narodzenia i Nowego Roku przesyłam najserdeczniejsze ____________ [6] zdrowia i spokoju

____________ [7]

____________ [8], 10.12.2020

VII. Proszę napisać życzenia do koleżanki/kolegi z Polski.

폴란드 친구에게 카드를 써 보세요.

33-114 Tarnów

Kraków,

VIII. Proszę posłuchać wypowiedzi czterech osób: kuriera, urzędniczki, listonosza i klientki poczty, a następnie odpowiedzieć na pytania.

네 사람(택배 기사, 관공서 직원, 우편배달원, 우체국 손님)의 이야기를 듣고, 질문에 답하세요.

Kto? / Co robi?	Kurier	Urzędniczka	Listonosz	Klientka poczty
mówi o usługach poczty				
dostarcza różne przesyłki	x			
jeździ w pracy samochodem				
ma rodzinę za granicą				
mówi o swoich klientach				
już długo wykonuje swoją pracę.				

IX. Proszę przeczytać wypowiedzi czterech osób, a następnie zdecydować, czy zdania są prawdziwe (P) czy fałszywe (F). 네 사람의 이야기를 읽고, 참(P)인지 거짓(F)인지 구분하세요.

Kurier 	Pracuję jako kurier już 20 lat. Od poniedziałku do piątku jeżdżę autem i dostarczam do domu klientów towar zakupiony przez Internet. Często są to duże i ciężkie paczki, czasami listy z ważnymi dokumentami. Najwięcej pracy mam przed świętami, kiedy ludzie kupują prezenty on-line. Klienci nie zawsze są mili.
Urzędniczka 	Poczta to nie tylko miejsce, w którym można wysłać list krajowy lub zagraniczny. Klienci poczty mogą tu wysłać pieniądze lub wziąć kredyt, kupić książki, słodycze albo pamiątki regionalne. Jestem pracownikiem poczty od bardzo dawna i obecnie oferta poczty jest inna niż 20 lat temu.
Listonosz 	Jestem listonoszem od kilku miesięcy, dużo chodzę, nie jeżdżę ani samochodem, ani rowerem i noszę ciężką torbę z przesyłkami. Dostarczam listy, pocztówki i małe paczki, wypisuję awiza, jeśli kogoś nie ma w domu. W mojej pracy lubię kontakt z ludźmi, ale czasami jest też niebezpiecznie, kiedy dostarczam list polecony, a właściciel mieszkania ma psa.
Klientka poczty 	Często wysyłam paczki moim dzieciom, które mieszkają za granicą od 12 lat, a dwa razy w roku wysyłam kartki na święta do rodziny. W okienku pocztowym można załatwić kilka spraw: zapłacić rachunki za media, doładować kartę telefoniczną, a ostatnio kupiłam książkę z przepisami wegetariańskimi. Lubię tu przychodzić.

0. Kurier pracuje siedem dni w tygodniu. P (F)
1. Kurier dostarcza również listy. P F
2. Klienci najwięcej listów wysyłają przed świętami. P F
3. Oferta poczty jest taka sama jak 20 lat temu. P F
4. Listonosz daje awizo osobie, która jest w domu. P F
5. Praca listonosza może być niebezpieczna. P F
6. Na poczcie są książki kucharskie. P F
7. Klientka narzeka na usługi poczty. P F

X. Proszę porozmawiać z koleżanką/kolegą i zapytać:
친구와 이야기를 나누고 질문해 보세요.

1. Jak często piszesz listy lub kartki?
2. Do kogo chciałabyś/chciałbyś wysłać kartkę z pozdrowieniami z wakacji?
3. Dlaczego ludzie bardzo rzadko piszą tradycyjne listy (na papierze, długopisem lub piórem)?
4. Czy dostałaś/dostałeś kiedyś kartkę z pozdrowieniami lub życzeniami? Od kogo? Z jakiej okazji?
5. Po co zwykle chodzisz na pocztę?

Test (평가)

I. Co można wpisać w puste miejsce (______)?
빈칸에 들어갈 말은?

0. Piotr ma prezent ____ mamy.
   ① *dla* ② o
   ③ do ④ z

1. Najserdeczniejsze życzenia ____ okazji świąt Bożego Narodzenia.
   ① na ② z
   ③ do ④ dla

2. Dyrektor dziękuje ________ za cały rok pracy.
   ① pracownicy ② pracowników
   ③ pracownikom ④ pracownikami

3. Składam ________ najserdeczniejsze życzenia.
   ① wy ② was
   ③ wam ④ wami

4. Na kopercie trzeba napisać ________.
   ① adres poczty ② poczty
   ③ dane adresata ④ osobowe

5. Proszę ______ ten formularz i się podpisać.
   ① wysłać ② wypełnić
   ③ zapłacić ④ podać

6. List wysyła ______.
   ① listonosz ② adresat
   ③ kurier ④ nadawca

II. Proszę wpisać przyimek *na* lub *za*.

0. iść *na* pocztę

1. opłata ____ paczkę
2. znaczek ____ list
3. zapłacić ____ przesyłkę
4. pracować ____ poczcie
5. rachunek ____ prąd

Czy wiesz, że...

알고 있나요...

폴란드인들은 명절(크리스마스나 부활절)이나 생일, 영명축일에 축하 인사를 담은 카드를 보내는 전통을 지키고 있습니다. 그러나 요즘은 메신저에서 발송하는 이미지 카드가 종이로 만든 카드를 상당수 대체하고 있지요. 폴란드 사람들은 휴가지에서 안부인사를 전하는 엽서를 보내고 받는 것도 좋아해서, 그런 우편물을 수년간 모으는 사람들도 있답니다. 사람들은 카드에 적지는 않더라도, 하고 있는 일의 성공을 기원하 *„Powodzenia"*라고 덕담을 주고받습니다. 덕담을 들으면 감사를 표하는 것이 일반적이지만, 시험 전에 주고받는 *„Powodzenia"*라는 말에는 *„Nie dziękuję"*로 대답합니다. 고맙다고 답하는 것이 불운을 부를 수도 있다는 미신에서 비롯된 것입니다. 이렇게 기대되는 결과와 반대로 행운을 빌어주는 것으로 *„połamania pióra na egzaminie*(시험 때 펜이 부러지라는 뜻)" 가 있는데, 본뜻과는 달리 상대방의 좋은 의도가 담긴 덕담입니다.

폴란드인들은 행운을 기원하고 나서 나무로 된 사물을 두드릴 때가 있어요. 이렇게 해야 부정을 타지 않는다고 생각하기 때문입니다. *„odpukać w niemalowane drewno"* 혹은 *„odpukać"*라는 말만 해도 같은 효과가 있다고 믿습니다. 예를 들면 *„Odpukać w niemalowane drewno,* 난 시험에서 100점 받겠어." 라고 말하고 좋은 결과를 기대하곤 합니다.

Polacy podtrzymują tradycję wysyłania kartek z życzeniami z okazji świąt (Bożego Narodzenia i Wielkanocy), urodzin lub imienin. Jednak obecnie najczęściej papierowe kartki są zastępowane wiadomościami na komunikatorze wraz z autorską grafiką. Polacy lubią wysyłać i dostawać pocztówki (widokówki) z pozdrowieniami z wakacji, niektórzy takie kartki kolekcjonują przez wiele lat.

Często życzymy sobie osobiście (bez pisania na kartce) *powodzenia*, czyli sukcesu w podejmowanych działaniach. Zwykle za życzenia dziękujemy, ale na życzenia „powodzenia" składane przed egzaminem najczęściej odpowiadamy „nie dziękuję". Wynika to z przesądu, że za życzenia powodzenia nie powinno się dziękować, bo to może przynieść pecha. Innym sposobem na wyrażenie życzenia powodzenia są życzenia z odwrotnym skutkiem np. „połamania pióra na egzaminie" - to nadal są dobre intencje nadawcy!

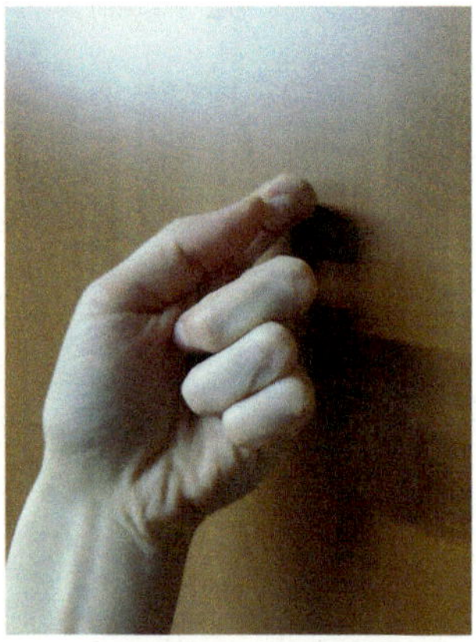

Zdarza się, że Polacy życzą sobie lub komuś czegoś pozytywnego, a potem pukają w drewniany przedmiot, bo boją się, że wypowiedziane życzenie się nie spełni. Można również po prostu powiedzieć: „odpukać w niemalowane drewno" lub „odpukać", żeby osiągnąć ten sam efekt, np.: „Wygląda na to, że – odpukać w niemalowane drewno – dostanę 100% punktów z tego egzaminu!"

NOTATKI

LEKCJA

13

Wybieram wieś!

시골에 놀러가요!

학습목표

- 자연환경, 동식물, 풍경에 대한 어휘를 익힌다.
- 도시 및 시골의 풍경에 대해 묘사한다.
- 특정 지역 및 주변환경에 대해 설명할 수 있다.

1. **Proszę popatrzeć na zdjęcia. W którym miejscu lepiej się wypoczywa i dlaczego?**
   위의 사진을 보세요. 어느 곳에서 휴식을 잘 할 수 있을까요? 이유는 무엇인가요?
2. **Jakie są plusy mieszkania na wsi, a jakie minusy?**
   시골에 살면 좋은 점과 나쁜 점은 무엇인가요?
3. **Jakie są plusy mieszkania w mieście, a jakie minusy?**
   도시에 살면 좋은 점과 나쁜 점은 무엇인가요?
4. **Jak wygląda typowe koreańskie miasto, a jak wygląda koreańska wieś?** 한국에서 전형적인 도시 풍경은 어떨까요? 그렇다면 한국의 시골은 어떤 모습일까요?

I. Proszę przyporządkować słowa z ramki do odpowiednich kategorii i poszukać znaczenia tych słów wraz ze zdjęciem w Internecie. 표에 있는 단어들을 종류별로 정리하고, 인터넷에서 이름과 사진을 찾아보세요.

chomik	orzeł	kogut	baran	kura	biedronka
bocian	jeleń	goryl	indyk	kaczka	jeż
pająk	wróbel/wróble	kot	pies/psy	osioł/osły	krowa
stokrotka	pszczoła	słoń	ryba	niedźwiedź	papuga
koń	dzik	zając/zające	królik	świnia	mrówka
tygrys	wąż	żółw	szczur	krab	ślimak
sowa	sosna	tulipan	klon	owca	komar
hibiskus	pingwin	azalia	dąb	żyrafa	róża
gołąb/gołębie	gęś/gęsi				

zwierzęta hodowlane	zwierzęta dzikie	zwierzęta w zoo

ptaki	owady

drzewa	kwiaty

II. Proszę porozmawiać z koleżanką/kolegą.
친구와 대화를 나누세요.

1. Jakie zwierzęta można spotkać w mieście, a jakie poza miastem? Których nie chciałabyś/chciałbyś spotkać i dlaczego?
2. Które z tych zwierząt można hodować w domu lub mieszkaniu? Czy masz lub miałaś/miałeś zwierzę w domu?
3. Niektóre zwierzęta symbolizują pewne cechy. Jak myślisz, które zwierzę ma taką cechę? Odpowiedzi sprawdź w kluczu.

   a) wolny jak ______ b) pracowity jak ______ c) mądry jak ______

   d) zdrowy/zdrów jak ______ e) brudny jak ______ f) uparty jak ______
4. Które z tych drzew lub kwiatów rosną w Korei, a które w Polsce? Czy lubisz któreś szczególnie?
5. Czy są jakieś rośliny szczególnie ważne w Korei lub w Polsce? Co symbolizują?

Dialog (대화)

Marta Uff, ale gorąco! Dzisiaj ostatni egzamin, chciałabym już odpocząć.

Haram Chyba nie odpoczniesz w mieście, bo w weekend pogoda będzie gorsza niż teraz.

Marta Już wiem! Pojadę na wieś!

Haram Marta, na wsi będziesz się nudzić! Nie ma tam kina, galerii handlowej...

Marta Jestem pewna, że tam odpocznę, dlatego że wieś jest cichsza i spokojniejsza niż miasto.

Haram Co będziesz robić na wsi?

Marta Będę leżeć na leżaku nad wodą, relaksować się na świeżym powietrzu i się opalać.

Haram Ja wolę miasto – tutaj jest rozrywka i kultura. Moi dziadkowie są emerytami i mieszkają teraz na wsi niedaleko Busanu. Jeżdżę tam w wakacje i pomagam im w ogrodzie, więc wiem, że życie na wsi to ciężka praca.

Marta Masz rację, ale... Ja będę fotografować naturę, przyglądać się roślinom i zwierzętom... Może pojedziesz jako turysta?

Haram Ja będę odpoczywał w klimatycznej kawiarni w sercu Seulu. W mieście też jest natura – latem są komary...

Marta Na pewno nie chcesz jechać ze mną? No chodź! Lato czeka...

Haram Nieee... Wieś to nie dla mnie.

Marta Ech, jesteś uparty jak osioł, ha, ha!

Haram Ha, ha! To prawda, nie zmieniam zdania.

Uff, ale gorąco!	어휴, 더워!	
leżeć na leżaku	선베드에 눕다	
będę odpoczywał w klimatycznej kawiarni	분위기 좋은 카페에서 쉴 거야.	klimatyczny, -a, -e
w sercu Seulu	서울의 중심가에서	
No chodź!	가자!	
to nie dla mnie	난 이거 별로야. 이건 나와 안 맞아.	
uparty jak osioł	아주 고집이 세다	
nie zmieniam zdania	난 생각(의견)을 바꾸지 않아	zmieniać + B; nie zmieniać + D

III. Proszę odpowiedzieć na pytania.
질문에 답하세요.

1. Jaka jest pogoda w czasie, kiedy Marta i Haram rozmawiają? Jaka będzie w weekend?
2. Co Haram i Marta myślą o wsi? Dlaczego mają takie zdanie?

Marta	Haram

3. Gdzie mieszkają teraz dziadkowie Harama i co robią?

GRAMATYKA (문법) – SPÓJNIKI *PONIEWAŻ, BO, DLATEGO ŻE, KIEDY, GDY* (이유, 조건, 때를 나타내는 접속사)

POWÓD:	Pojadę na wieś,	*ponieważ* *dlatego że* *bo*	kocham naturę i ciszę.
CZAS: **WARUNEK:**	Nie mogę się uczyć, Marta odpocznie,	*gdy/kiedy*	ty głośno rozmawiasz przez telefon! zda ostatni egzamin.

IV. Proszę połączyć zdania spójnikami *ponieważ/dlatego że/bo, gdy/kiedy* i porównać je ze zdaniami kolegi lub koleżanki. 주어진 접속사를 사용하여, 문장을 연결하고, 친구가 만든 문장과 비교해 보세요.

0. *Pracownicy będą jedli samgyeopsal,* ---------- 0. *kiedy* *skończą pracę.*

1. Mama jest zdenerwowana, — a. ______ uczę się razem z Haramem.
2. W pokoju jest porządek, — b. ______ będziesz miał czas.
3. Czekała na przystanku na autobus, — c. ______ zaczyna się nowy rok.
4. Nie piję kawy, — d. ______ zgubiła klucz do mieszkania.
5. Dostaję dobre oceny, — e. ______ chcę mówić dobrze po polsku.
6. Haram dał Marcie prezent, — f. ______ mam czas i regularnie sprzątam.
7. Proszę, zadzwoń do mnie, — g. ______ wczoraj miała urodziny.
8. Oglądam polskie seriale, — h. ______ nagle zaczął padać deszcz.
9. Pijemy szampana, — i. ______ się nudzę.
10. Słucham polskiego radia, — j. ______ mi nie smakuje.

V. Proszę napisać zdania ze spójnikami *ponieważ/dlatego że/bo, gdy/kiedy* i porozmawiać w grupie. 주어진 접속사가 사용된 문장을 만들어서 그룹 내에서 이야기해 보세요.

0. *Na pewno dostanę szóstkę,* → *bo uczyłem się pilnie.*
Zawsze dostaję dobrą ocenę, → *kiedy uczę się pilnie.*

1. Jestem szczęśliwy/szczęśliwa, ______
2. Pojadę do Polski, ______
3. Będę zarabiać dużo pieniędzy, ______
4. Unikam słodyczy, ______
5. Uczę się polskiego, ______
6. ______, ponieważ nie wydaję pieniędzy.
7. ______, dlatego że jestem Koreańczykiem/Koreanką.
8. ______, gdy jestem zmęczony/zmęczona.

9. ______________________, bo lubię zwierzęta/nie lubię zwierząt.

10. ______________________, kiedy mój przyjaciel potrzebuje pomocy

VI. Proszę posłuchać nagrania i zdecydować, czy zdania są prawdziwe (P), czy fałszywe (F). 녹음을 듣고, 참(P)인지 거짓(F)인지 고르세요.

0. Kobieta uważa, że na wsi jest więcej pracy, niż w mieście.	(P)	F
1. Mężczyzna woli, gdy jest cicho i spokojnie.	P	F
2. Kobieta myśli, że ludzie na wsi są leniwi.	P	F
3. Mężczyzna chciałby wrócić do rodzinnej wsi, bo tam jest ciekawiej.	P	F

VII. Proszę jeszcze raz posłuchać nagrania i uzupełnić tekst.
녹음을 한 번 더 듣고 글을 완성하세요.

Urodziłam się na wsi i wiem, że życie tutaj to *ciężka*[0] praca. Rano trzeba wstać ______[1] niż słońce, nakarmić krowy i kury, przynieść do domu ciepłe mleko i ______[2] jajka_ Wiosną siejemy zboże, a od lata do jesieni szybko zbieramy owoce i warzywa. Na wsi wszyscy są ______[3], jak pszczoły. My pracujemy, ______[4] ludzie z miasta odpoczywają, bo natura nie daje nam urlopu. Ale kocham wieś. Powietrze jest tutaj ______[5] niż w mieście, a nocą jest bardzo ______[6] i na niebie wyraźnie widać gwiazdy. Jest cicho i ______[7].

Pochodzę z małej wsi, która leży *daleko*[0] od miasta, ale studiuję w Krakowie. Na wsi jest ______[8], bo nie ma kina ani klubów, ______[9] przeprowadziłem się do miasta, ______[10] zacząłem studia. Uwielbiam Kraków i nie chcę wracać mojej rodzinnej wsi, ale czasami tęsknię za rodzicami. To fakt, w mieście jest smog i jest ______[11], dlatego że tutaj mieszka ______[12] ludzi, ale jest na pewno ciekawiej niż na wsi! Miasto nigdy nie śpi. ______[13] wspomnienia mam z Krakowa.

VIII. Proszę podkreślić w tekście przymiotniki i przysłówki, a następnie wpisać je do tabelki razem z częścią mowy, którą określają: rzeczownik-przymiotnik, czasownik- przysłówek. 글에서 형용사와 부사를 찾아 밑줄을 긋고, 예시처럼 함께 사용된 명사, 형용사, 동사, 부사도 같이 표에 쓰세요.

przymiotniki:	przysłówki:
ciężka (praca), ______	*(leży) daleko,* ______
______	______
______	______
______	______
______	______

GRAMATYKA (문법) – STOPNIOWANIE PRZYMIOTNIKÓW I PRZYSŁÓWKÓW (POWTÓRKA)(형용사과 부사의 비교급(복습))

przymiotnik + rzeczownik	
piękny – piękniejszy – najpiękniejszy zła – gorsza – najgorsza chore – bardziej chore – najbardziej chore	dom pogoda zwierzę

Ten dom jest piękny, ale tamten jest piękniejszy niż ten, a dom babci jest najpiękniejszy.

przysłówek + czasownik	
ciężko – ciężej – najciężej dużo – więcej – najwięcej elegancko – bardziej elegancko – najbardziej elegancko	pracować zarabiać wyglądać

Anna pracuje ciężko, Tomasz pracuje ciężej od Anny, a Jacek pracuje najciężej.

IX. Proszę uzupełnić tekst odpowiednimi formami przymiotnika i przysłówka w stopniu równym lub wyższym.

형용사와 부사의 비교급 및 최상급을 알맞을 형태로 변형하여 글을 완성하세요.

Mieszkanie na wsi ma swoje plusy i minusy. Jest [0] *dalej* (daleki) do supermarketu i galerii handlowej, ale [1] ________ (bliski) do natury. Mój dom na wsi jest [2] ________ (duży) niż moje mieszkanie w mieście, ale niestety mam [3] ________ (zły) Internet niż w Warszawie. Za to krajobraz jest zdecydowanie [4] ________ (piękny) niż w mieście, bo trawa jest [5] ________ (zielony) niż w Warszawie. Za oknem widzę [6] ________ (złoty) pola zbóż, a [7] ________ (różny) ptaki śpiewają [8] ________ (głośno) niż miejskie wróble. Lubię moją wieś, ponieważ jest [9] ________ (spokojny) niż Warszawa, a żyje się tutaj [10] ________ (dobrze) niż gdziekolwiek indziej!

X. Proszę przeczytać wyrazy z ramki i zdecydować, które kojarzą się Pani/Panu z miastem, a które z wsią. Nowe słowa proszę sprawdzić w słowniku lub zapytać koleżankę/kolegę.

표 안의 표현을 읽고, 도시가 연상되는 것과 시골이 연상되는 것을 구분해 보세요. 새로운 단어는 사전에서 찾아보거나 친구에게 물어보세요.

biurowiec/wieżowiec	dostęp do Internetu	ekologia	wypoczynek
ognisko	zmiana klimatu	zielona trawa	prowincja
pole namiotowe	tradycja, -e/zwyczaj, -e	malowniczy krajobraz	

XI. Proszę popatrzeć na zdjęcia i powiedzieć, gdzie lepiej mieszkać.
사진을 보고, 어디에서 사는 게 더 좋은지 말해 보세요.

Moim zdaniem, *lepiej* **jest na wsi/w mieście, dlatego że.../ponieważ.../bo...**
Wieś jest *cichsza* **niż miasto.**
W mieście jest *ciekawiej* **niż na wsi.**
Jestem pewny/pewna, że *na wsi odpocznę.*
Wydaje mi się, że *w mieście jest więcej atrakcji.*
Nie jestem pewny/pewna, czy *na wsi byłabym szczęśliwa/byłbym szczęśliwy.*

XII. Proszę posłuchać nagrania, a następnie wykonać zadania A, B, C i D.
녹음을 듣고, 과제 A, B, C, D를 수행하세요.

A. Jaki jest temat tego nagrania?
들은 내용의 주제는 무엇입니까?

a) Zwierzęta dzikie i hodowlane.
b) Dzikie zwierzęta w mieście.
c) Zwierzę – najlepszy przyjaciel człowieka.
d) Człowiek i ptaki w mieście

B. Która z odpowiedzi jest zgodna z nagraniem?
녹음 내용에 부합하는 것은 무엇입니까?

a) Jeże budują dla siebie domy w mieście.
b) Zwierzęta w mieście są zwykle potrzebne.
c) Ptaki unikają ludzi, bo się ich boją.
d) Węże lubią leżeć koło rzeki.

C. Proszę uzupełnić zdania na podstawie nagrania jednym lub dwoma wyrazami.
듣은 내용을 바탕으로 아래 문장을 완성하세요.

1. Jeśli nie byłoby ____________, ludzi zjadłyby owady.
2. Dzikie zwierzęta uciekają, kiedy spotkają ____________.
3. ____________ bać się węży w mieście.
4. Ludzie i zwierzęta w mieście żyją ____________ siebie.
5. W miastach ____________ można spotkać jeże i dziki.

D. Proszę zaznaczyć, które zwierzęta pojawiły się w tekście.
글에서 어느 동물이 등장했는지 표시하세요.

a) 

b) 

c) 

d) 

e) 

f) 

XIII. Proszę przeczytać tekst i odpowiedzieć na pytania.
글을 읽고 질문에 답하세요.

W poszukiwaniu idealnej wsi, czyli agroturystyka dla mieszczucha

Spokój, cisza, natura i daleko od miasta – to właśnie to, o czym marzą zmęczone mieszczuchy. Dlatego Marysia i Andrzej przeprowadzili się ze stolicy na mazurską wieś. Tam, w wiejskiej chacie otworzyli pensjonat „Stary Wilk". Jest tu zwykle spokojnie i cicho, ale latem przyjeżdża wielu ludzi z miasta, żeby odpocząć.
Marysia i Andrzej zbudowali swoją drewnianą chatę od podstaw. Wokół domu jest ogród z kolorowymi kwiatami i ziołami. Wszędzie unosi się zapach sosny, dlatego że pensjonat otaczają piękne, stare lasy. Niedaleko jest też największe jezioro w Polsce.
„Stary Wilk" to gospodarstwo agroturystyczne. To znaczy, że klienci mogą odpoczywać, albo pomagać Marysi w pracy: karmić kury, gęsi i indyki, zajmować się ogrodem, zbierać i myć owoce, czy piec chleb i ciasta. Marysia i Andrzej serdecznie zapraszają do pensjonatu rodziny z dziećmi, ponieważ oni też mają syna Michasia i córkę Irenkę, którzy lubią poznawać nowych przyjaciół. Wszystkie zwierzęta – psy, koty, chomiki – też są mile widziane. Warto już teraz zajrzeć na stronę internetową „Starego Wilka" i zarezerwować pokój na wakacje.

– Na podstawie: natemat.pl

Trudne słowa

- spokój → spokojnie: 평온, 안정 → 평온히, 침착하게
- cisza → cicho: 조용함, 침묵 → 조용히, 고요하게
- mieszczuch: 도시인
- chata: 오두막
- zioła: 허브
- od podstaw: 처음부터, 기초부터
- gospodarstwo agroturystyczne: 관광 농업 농가
- marzyć: 꿈꾸다
- wilk: 늑대
- unosi się zapach: 향이 나다
- mile widziane 반갑다, 환영이다

1. Co to jest „gospodarstwo agroturystyczne"?
2. Gdzie na mapie Polski leży region, w którym Marysia i Andrzej wybudowali swój pensjonat?
3. Kogo zapraszają Marysia i Andrzej do swojego pensjonatu i dlaczego?
4. Gdzie znajduje się pensjonat? Co go otacza? Co jest blisko?
5. Czy chciałaby Pani/chciałby Pan spędzić wakacje w „Starym Wilku"? Jeśli tak/nie, to dlaczego?
6. Jak wyglądałby Pani/Pana pensjonat? Jaką miałby nazwę?

XIV. Proszę porozmawiać z koleżanką/kolegą.
친구와 토론해 보세요.

1. Jak wyobrażasz sobie „idealną wieś”?
2. Z czego mogłabyś/mógłbyś zrezygnować, żeby wypocząć?
3. Co Koreańczycy myślą o wsi?
4. Jak myślisz, czy polska i koreańska wieś się różnią? Jeśli tak, to jaka jest różnica?

Polska wieś jest ______ niż koreańska, ***ponieważ...***

W Korei ludzie wolą miejsca, gdzie jest ______ niż ______..., ***ale...***

Wolę wypoczywać ______ niż ______, ***dlatego że...***

Na mojej idealnej wsi musi być ______ dom, a za oknem ______ widok/krajobraz...

Muszę mieć ______, ***kiedy*** *odpoczywam.*

Nie potrzebuję ______, ***gdy*** *odpoczywam.*

XV. Proszę podzielić się na dwie grupy. Jedna grupa wybiera wieś, a druga grupa wybiera miasto. Pierwsza grupa przygotuje prezentację o plusach mieszkania na wsi i minusach mieszkania w mieście, a druga grupa – o minusach mieszkania na wsi i plusach mieszkania w mieście. Proszę przeprowadzić dyskusję.
두 조로 그룹을 나누세요. 한 그룹은 시골을 선택하고, 한 그룹은 도시를 선택합니다. 첫번째 그룹은 시골에서 살 때의 장점과 도시에서 살 때의 단점을 발표하도록 준비하고, 다른 그룹은 시골에서 살 때의 단점과 도시에서 살 때의 장점에 대해 준비하여 토론을 진행하세요.

A) Wybieram wieś!		B) Wybieram miasto!	
zalety wsi	wady miasta	zalety miasta	wady wsi
+	-	+	-

Test (평가)

I. Co można wpisać w puste miejsce (______)?
빈 칸에 알맞은 표현은?

0. Na wsi jest cicho i ______ .
   ① *spokojnie* ② spokojna
   ③ spokojny ④ spokojne

1. W mieście jest ______ niż na wsi.
   ① ciekawie ② ciekawiej
   ③ najciekawiej ④ ciekawe

2. Wieś jest cichsza od ______.
   ① miasta ② miastem
   ③ miasto ④ mieście

3. Temperatura w lipcu jest ______.
   ① najwyższa ② wysoko
   ③ najwyżej ④ najniższa

4. Proszę, zadzwoń do mnie, ______ będziesz mieć czas.
   ① nie ② gdy
   ③ dlatego ④ że

5. ______ kwitnie przez prawie cały rok.
   ① azalia ② sosna
   ③ hibiskus ④ trawa

II. Co można wpisać w puste miejsce (______)?
빈 칸에 알맞은 표현은?

0. – Kiedy pójdziemy do kina?
   – Pójdziemy, ______ będzie ciekawy film.
   ① *kiedy* ② dlatego że
   ③ ale ④ ponieważ

1. – Nie chcę iść na spacer.
   - ______! Jest piękna pogoda!
   ① Nie warto! ② Nie idź!
   ③ Można! ④ No chodź!

2. – W weekend zrobiłam pracę domową i projekt.
   - Jesteś pracowita jak ______!
   ① ślimak ② pszczoła
   ③ krowa ④ wróbel

3. – Adam jest zdrowy jak ryba!
   - To prawda, on ______.
   ① nigdy nie choruje ② lubi pływać
   ③ zawsze choruje ④ nie jest zdrowy

4. – Dlaczego nie jesz sernika?
   - Nie jem ciasta, ______ jestem na diecie.
   ① czy ② bo
   ③ że ④ dlatego

5. – Poszłabyś ze mną na kawę?
   - Nie jestem pewna, ______ będę miała czas.
   ① że ② czy
   ③ gdy ④ bo

Czy wiesz, że...

알고 있나요...

폴란드에는 바르샤바, 크라쿠프, 포즈난과 같이 규모가 큰 대도시 권역도 여러 곳 있지만, 보통은 크고 작은 도시와 마을이 폴란드를 가득 채우고 있습니다. 돌르노실롱스크 주의 *„즈워토리야* (Złotoryja)" 같은 도시들은 아주 유서 깊은 곳으로 무려 1211년에 도시가 형성되었습니다! 시골처럼 느껴지는 작은 소도시들도 많이 있어요. 어떤 곳은 „그림처럼" 아름답다는 표현이 절로 나오기도 하는데요 *„잘리피에* (Zalipie)"라고 불리는 마워폴스키 주의 시골 마을은 말 그대로 유쾌하고 다채로운 전통 무늬의 그림이 그려진 오래된 하얀 집들로 유명합니다.

폴란드인들은 도시를 벗어나 자연에서 휴가를 보내는 것을 좋아합니다. 그래서 시골과 비슷한 생활조건에서 휴식을 취하는 형태의 관광형 농업이 점점 많은 인기를 얻고 있어요. 관광형 농업을 통해 숙소를 제공하는 농장주에게 노동을 제공하면서 활동적인 방식으로 휴식을 취할 수 있으니까요. 농촌으로 휴가를 떠난 사람들은 과일을 따거나 동물을 돌보는 일을 도와줄 수 있습니다. 관광형 농업은 도시인들에게 멋진 휴가를 보낼 수 있게 해줄 뿐 아니라, 농촌 주민들에게는 부수입을 올려주는 효과적인 수단이 되기도 합니다.

W Polsce jest kilkanaście dużych aglomeracji miejskich, takich jak Warszawa, Kraków czy Poznań, ale generalnie Polska jest pełna większych i mniejszych miast, miasteczek i wiosek. Niektóre miasta są naprawdę stare, np. Złotoryja w województwie dolnośląskim została miastem w 1211 roku! Wiele miasteczek jest tak małych, że przypominają wsie. A niektóre wsie są piękne, „jak malowane" (tzn. bardzo piękne) – i to dosłownie, bo wieś Zalipie w województwie małopolskim jest słynna z tego, że stoją tam stare, białe domy malowane w wesołe, różnokolorowe tradycyjne wzory.

Polacy lubią spędzać urlop poza miastem wśród natury. Coraz większą popularnością cieszy się agroturystyka, czyli forma wypoczynku w warunkach zbliżonych do życia na wsi. Agroturystyka może być aktywnym odpoczynkiem, kiedy jest połączona z pracą u osoby, która zapewnia nam nocleg, czyli u gospodarza. Urlopowicze mogą np. pomagać zbierać owoce lub zajmować się zwierzętami. Agroturystyka to nie tylko wspaniały wypoczynek dla mieszkańców miast, ale też dodatkowy dochód dla mieszkańców wsi.

LEKCJA

14 Wszystko będzie dobrze!

모든 게 잘될 거야!

학습목표

- 사고가 발생했을 때 구조 요청을 하고, 능동적으로 문제를 해결할 수 있다.
- 자신의 몸 상태를 설명할 수 있다.
- 호텔 등 숙소를 예약할 수 있다.

1. **Proszę popatrzeć na fotografie i powiedzieć, co się stało wcześniej?**
   위의 사진들을 보세요. 그 이전에 무슨 일이 벌어졌던 걸까요?
2. **Czy była Pani/był Pan kiedyś w podobnych sytuacjach? Co się wtedy stało?**
   당신도 비슷한 상황을 겪은 적이 있나요? 그때 무슨 일이 일어났나요?
3. **Jak się Pani/Pan zachowuje w podobnych sytuacjach?**
   이와 비슷한 상황이 벌어지면 당신은 어떻게 행동하겠습니까?

Dialog (대화)

Jacek Nowak Halo, dzień dobry, tu Jacek Nowak. Pani Miro, czy moglibyśmy spotkać się w sali konferencyjnej za pół godziny? Chciałbym porozmawiać o raporcie z naszego projektu.

Mira Yun Dzień dobry, panie Jacku. Niestety, nie ma mnie w pracy. Jestem na zwolnieniu lekarskim.

Jacek Nowak Jest pani chora?

Mira Yun Wczoraj złamałam nogę i nie mogę chodzić przez dwa tygodnie... Mam nogę w gipsie.

Jacek Nowak Jak to się stało?

Mira Yun Spadłam ze schodów przed moim domem. Było ślisko, upadłam na kolano, a w szpitalu okazało się, że mam złamaną kość pod kolanem.

Jacek Nowak Bardzo mi przykro. Czy mógłbym pani jakoś pomóc? Zrobić zakupy albo ...

Mira Yun Nie, dziękuję. Mój sąsiad będzie robić dla mnie zakupy. Mam inną prośbę. Powinnam oddać panu dokumenty naszego projektu, czy mógłby pan dziś po nie przyjechać? Przedwczoraj zabrałam je do domu, żeby dokończyć raport... Raport wyślę mailem, ale cały segregator z dokumentami jest u mnie.

Jacek Nowak Niestety, nie mogę dziś przyjechać, ponieważ po pracy jadę do mechanika. Moja żona miała wypadek samochodowy. Powinienem mieć zaświadczenie z warsztatu samochodowego, żeby dostać pieniądze z ubezpieczenia za naprawę auta.

Mira Yun Czy z żoną wszystko w porządku?

Jacek Nowak Tak, żona czuje się dobrze, samochód był trochę uszkodzony. Pani Miro, przyjadę po segregator jutro po południu.

Mira Yun Bardzo dziękuję i do zobaczenia.

Jacek Nowak Do zobaczenia jutro.

zwolnienie lekarskie	병가	być na + Ms zwolnieniu lekarskim
złamać	부러뜨리다	złamać (dk)/łamać (ndk) + B nogę, kość
ślisko	미끄럽게	
powinnam oddać	나는(여성형) 돌려주어야 한다	powinnam + ndk
segregator	서류철	
wypadek samochodowy	자동차 사고	
ubezpieczenie	보험	
naprawa	수리	naprawiać (ndk)/naprawić (dk) = zreperować
zaświadczenie	증명서	
warsztat samochodowy	자동차 정비소	
uszkodzony samochód	파손된 자동차	

I. Proszę podkreślić zdanie, które jest zgodne z dialogiem.
대화문에 **부합하는** 문장에 밑줄을 그으세요.

1. Pani Mira złamała nogę przed szpitalem.
2. Pan Jacek miał wypadek samochodowy.
3. Pan Jacek potrzebuje dokumentów od mechanika.
4. Pani Mira wyśle segregator pocztą.

GRAMATYKA (POWTÓRKA) 문법(복습)

rodzaj męski		rodzaj żeński		rodzaj nijaki
powinienem	powinniśmy	powinnam	powinnyśmy	
powinieneś	powinniście	powinnaś	powinnyście	powinno
powinien	powinni	powinna	powinny	

II. Proszę uzupełnić zdania.
문장을 완성하세요.

0. Pani Mira nie _*powinna*_ chodzić do pracy.
1. Jesteś nieostrożnym kierowcą. ______________ (ty) wykupić ubezpieczenie na życie.
2. One nie ______________ nosić sandałów zimą, bo mogą się przeziębić.
3. Wszystkie dzieci ______________ jeść warzywa kilka razy dziennie.
4. Nie tylko dzieci, rodzice też ______________ jeść warzywa.
5. Każde dziecko ______________ uprawiać sport.
6. Anna ______________ iść do lekarza, bo ma gorączkę.
7. Boli mnie głowa, więc ______________ wziąć tabletkę, ale nie mam.
8. Piotr ______________ sprzedać ten stary dom.
9. Drodzy studenci, ______________ (wy) pilnie uczyć się do egzaminu.
10. Nie ______________ (my) mu ufać.

III. Co się stało? Proszę posłuchać rozmowy policjantki ze studentem i podpisać obrazki w odpowiedniej kolejności.

무슨 일이 있었나요? 여경찰과 남학생의 대화를 듣고, 순서대로 그림 옆에 번호를 쓰세요.

a.  ____

b.  ____

c.  ____

d.  ____

e.  ____

f.  ____

g.  ____

IV. Proszę odpowiedzieć na pytania:

질문에 답하세요.

1. Co zgubił student?
2. Jaki numer miał autobus, którym jechał student?
3. Co student robił w autobusie?
4. Co jest w plecaku?
5. Jak wygląda plecak

V. Na podstawie komiksu proszę opowiedzieć, co się stało.

앞의 그림을 바탕으로 무슨 일이 있었는지 말해 보세요.

Student najpierw wsiadł ____ *, potem* ____ *i* ____ .
Następnie ____ *, a potem* ____ .

VI. Proszę przeczytać ogłoszenie i uzupełnić tekst.
다음 게시글을 읽고 글을 완성하세요.

To TWÓJ plecak?

Zgubiłeś
lub zostawiłeś go
w pojeździe MPK?
ODBIERZ SWOJĄ
WŁASNOŚĆ
za jedyne 5 zł

Tydzień Rzeczy Znalezionych MPK Wrocław
21 – 25 października 2013 r.
więcej na: mpk.wroc.pl i pasażer.mpk.wroc.pl

Biuro Rzeczy Znalezionych MPK* we *Wrocławiu*[0] ogłasza akcję „________________[1]". Powinni się nią zainteresować wszyscy, którzy nie pamiętają, gdzie został ich ____________[2] lub inne przedmioty. Jeśli właściciele zgubionych w tramwajach czy autobusach rzeczy chcą je odebrać, to muszą zapłacić ____[3]. Akcja trwa od ________[4] do ________________[5]. Więcej informacji można znaleźć na ________________[6] lub ________________[7].

*MPK Miejskie Przedsiębiorstwo Komunikacyjne organizuje zbiorowy transport ludzi autobusami lub tramwajami (autobus, tramwaj, samochód = pojazdy).

– Na podstawie: gazetawroclawska.pl/tydzien-rzeczy- znalezionych-mpk-odbierz-swoj-tablet-i-skrzypce-za-5-zl/ar/1021713

VII. Proszę uzupełnić dialog studenta z pracownikiem biura rzeczy znalezionych wyrazami z ramki.
표에 있는 표현을 사용하여 학생과 분실물 보관소 직원의 대화를 완성하세요.

Wczoraj, sweter i klucze, zapłacić, opisać, ~~zostawiłem~~, Kiedy, sportowy, tożsamości

- Dzień dobry, w czym mogę panu pomóc?
- Dzień dobry, chyba *zostawiłem*[0] plecak w autobusie numer 506.
- ____________[1] to się stało?
- ________________[2], 22 października, około godziny 13.00.
- Mamy już w biurze rzeczy zgubione wczoraj. Proszę ____________[3] plecak.
- To jest czerwono-czarny plecak ________________[4].

- Co w nim było?

- Książki, __________[5] do mieszkania.

- Poproszę pana dowód osobisty lub inny dowód __________[6] ze zdjęciem.

- Proszę tu jest mój dowód osobisty.

- Tak, mamy taki plecak. Proszę spojrzeć, czy to ten?

- Tak!!!

- Zgodnie z regulaminem musi pan __________[7] 5 złotych.

- Proszę bardzo. Dziękuję!

VIII. Proszę pracować w parach i ułożyć dialog. Student A jest pracownikiem biura rzeczy znalezionych, student B zgubił: 두 사람이 짝을 지어 대화문을 만드세요. 학생A는 분실물 보관소의 직원, 학생 B는 물건을 잃어버린 학생 역할을 맡으세요.

a) portfel b) walizkę c) torbę z laptopem

IX. Proszę połączyć słowa, a następnie napisać zdania. Nowe słowa proszę sprawdzić w słowniku. 의미가 통하도록 단어를 연결하고, 문장을 쓰세요. 새로 나온 단어는 사전을 찾아보세요.

0. *zgubić*	a) buty	1g. *Mamo, zgubiłem klucze do mieszkania.*
1. zostawić	b) włosy	2 . __________
2. skrócić	c) auto	3 . __________
3. skrócić	d) samochód	4 . __________
4. naprawić	e) spodnie	5 . __________
5. naprawić	f) plecak	6 . __________
6. zepsuć się	g) *klucze*	7 . __________
7. zepsuć się	h) obcas	8 . __________
8. złamać	i) zamek	9 . __________
9. zgubić	j) okulary	10 . __________

X. Proszę podpisać obrazki wyrazami z ramki.
그림이 무엇을 설명하는지 표에서 찾아 쓰세요.

~~zamek~~, krawiec, szewc, zamek, mechanik (warsztat samochodowy), fryzjer, buty na wysokim obcasie (szpilki)

0.

zamek

1.

____

2.
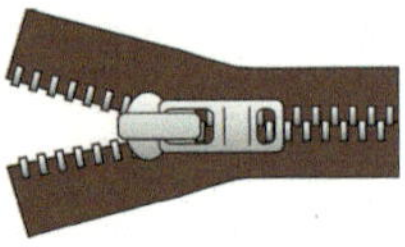
____

3.

____

4.

____

5.

____

6.

____

XI. Proszę posłuchać dialogów i powiedzieć, które usługi pasują do każdej rozmowy. 대화문을 듣고, 각 그림이 나타내는 업체의 내용과 부합하는 대화 번호를 쓰세요.

A *0.*

B ____

C ____
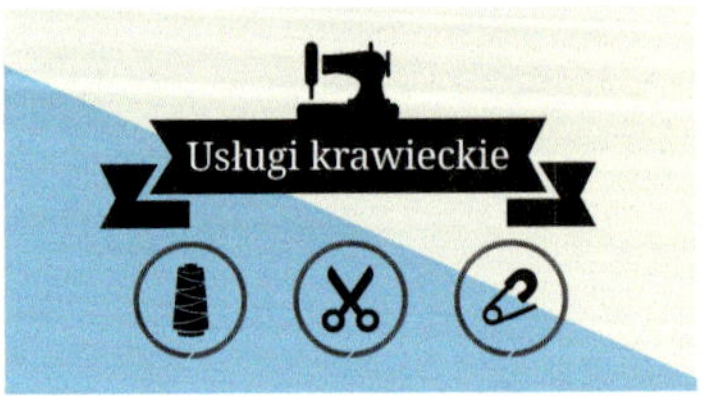

D ____

E ____

XII. Proszę posłuchać jeszcze raz dialogów i wybrać odpowiedź zgodną z nagraniem. 대화를 한 번 더 듣고, 내용에 부합하는 것을 고르세요.

0. Ten mężczyzna pójdzie do
   a) krawca.
   b) *szewca.*
   c) fryzjera.

1. Ta kobieta zostawiła
   a) telefon.
   b) portfel.
   c) plecak.

2. Ta spódnica jest
   a) za krótka.
   b) za długa.
   c) za duża.

3. Ten mężczyzna chce
   a) odebrać pieniądze od mechanika.
   b) naprawić auto u mechanika.
   c) odebrać dokument od mechanika.

4. Ta kobieta powinna
   a) skrócić włosy.
   b) umyć włosy.
   c) mieć jasne włosy.

XIII. Proszę połączyć zdania.
문맥에 맞게 문장을 연결하세요.

0. *Chce pani też skrócić włosy?*
1. Co się stało z butami?
2. Nadal źle się czuję i mam kaszel.
3. Miałem wypadek i samochód jest uszkodzony.
4. Nie mogę chodzić. Boli mnie kolano.
5. Zostawiłam wczoraj w autobusie portfel.
6. Ten płaszcz jest za długi.

a. Proszę go opisać.
b. Dam panu zwolnienie jeszcze na 5 dni.
c. *Nie, proszę tylko je umyć.*
d. W szpilkach żony złamały się obcasy, a ja mam zepsuty zamek w jednym kozaku.
e. Naprawię go w przyszłym tygodniu.
f. Mogę go skrócić, będzie gotowy na jutro.
g. Złamała pani nogę.

XIV. Oto relacje z wypadków, które miały pani Mira i żona pana Jacka. Proszę uporządkować zdania. 미라 씨와 야첵 씨 부인이 겪었던 사건의 경위입니다. 순서에 맞게 문장을 정렬하세요.

1 M	Wczoraj spieszyłam się do domu, więc wzięłam segregator z dokumentami, żeby dokończyć raport w domu i zamówiłam taksówkę.
1 Ż	Wiem, że nie powinnam tak szybko jechać, ale nie miałam czasu. Syn czekał na mnie po treningu na stadionie piłkarskim.
	Szybko odwróciłam się i zaczęłam biec po schodach. Padał śnieg, było ślisko, upadłam na kolano.
	Dlatego skręciłam w prawo i uderzyłam w znak drogowy.
	Taksówkarz przywiózł mnie pod dom i pomógł wypakować zakupy.
	Na szczęście nikomu nic się nie stało, samochód jest tylko uszkodzony, a pieniądze na naprawę będą z ubezpieczenia.
	Kiedy wysiadłam z samochodu, najpierw zamówiłam taksówkę dla syna, następnie zadzwoniłam na policję.
	Na szczęście taksówkarz zauważył mnie i taksówką pojechałam do szpitala.
	Kiedy weszłam na schody przypomniałam sobie, że zapomniałam wziąć z taksówki segregator.
	Nie zauważyłam czerwonego światła i tego, że samochód przede mną już nie jedzie.
	Najpierw pojechaliśmy do sklepu po zakupy, bo na 20.00. zaprosiłam koleżankę na kolację, a potem do domu.
	Najpierw zaczęłam hamować, ale za szybko jechałam, żeby zatrzymać się w bezpiecznym miejscu.

XV. Proszę przepisać uporządkowane zdania z poprzedniego zadania.
앞에서 정렬한 문장을 순서대로 다시 쓰세요.

Pani Mira: Wczoraj spieszyłam się do domu, więc wzięłam segregator z dokumentami, żeby dokończyć raport w domu i zamówiłam taksówkę.

Żona pana Jacka: Wiem, że nie powinnam tak szybko jechać, ale nie miałam czasu. Syn czekał na mnie po treningu na stadionie piłkarskim.

XVI. Proszę zdecydować, czy zdania są prawdziwe (P), czy fałszywe (F).
다음 문장이 참(P)인지, 거짓(F)인지 고르세요.

0. Pani Mira jechała swoim samochodem.	P	(F)
1. Syn pana Jacka wrócił do domu taksówką.	P	F
2. Pani Mira miała spotkanie z koleżanką w restauracji.	P	F
3. Segregator został w taksówce.	P	F
4. Żona pana Jacka jechała za szybko.	P	F
5. Za naprawę auta zapłaci pan Jacek.	P	F
6. Pani Mira pojechała do szpitala ambulansem.	P	F
7. Pani Mira zapomniała z taksówki torby z zakupami.	P	F

XVII. Proszę porozmawiać z koleżanką/kolegą i sprawdzić, czy wasze wersje wydarzeń są takie same. Proszę wspólnie narysować komiks na podstawie relacji pani Miry i żony pana Jacka. Proszę wpisać w komiksie, co mówi Pani Mira, a co żona pana Jacka. 친구와 이야기를 해 보고, 여러분들이 사건에 대해 작성한 것이 동일한지 확인하세요. 미라 씨와 야첵 씨 부인의 경위를 바탕으로 함께 만화를 그려보세요. 그리고 각각의 컷에 미라 씨가 하는 말과 야첵 씨 부인이 무슨 말을 하는지도 써넣으세요.

Halo, chciałabym zamówić taksówkę na stadion piłkarskim
Halo, dzień dobry, chciałabym zgłosić wypadek samochodowy.
Mój segregator!
Boli mnie noga!
Co ja robię?!

Historia pani Miry

Historia żony pana Jacka

XVIII. Proszę napisać lub opowiedzieć historię, która się Pani/Panu kiedyś przydarzyła. (100 słów) 과거에 당신에게 일어났던 사건에 대해 쓰거나 이야기해 주세요. (100자)

Test (평가)

Co można wpisać w puste miejsce (______)?
빈칸에 알맞은 표현은?

0. Pani Mira jest na _____ lekarskim.
   ① *zwolnieniu* ② zaświadczeniu
   ③ dniu ④ urlopie

1. Państwo Nowakowie _____ zmienić palny na wakacje.
   ① powinniśmy ② powinni
   ③ powinnaś ④ powinny

2. Mój plecak był w biurze rzeczy_________.
   ① zgubionych ② nieruchomości
   ③ znalezionych ④ drogich

3. Te spodnie są za długie. Powinieneś je _________
   ① skrócić ② kupić
   ③ zgubić ④ zepsuć

4. Miałam wypadek. Czy _________ pan samochód do jutra?
   ① naprawi ② naprawiłeś
   ③ zepsujesz ④ zepsułeś

5. Nie wiem, gdzie one są. Chyba _______ klucze do mieszkania.
   ① zgubiłem ② kupię
   ③ zepsułem ④ szukałem

6. Zepsuł mi się_______ od walizki.
   ① obcas ② zamek
   ③ torba ④ plecak

Czy wiesz, że...

알고 있나요...

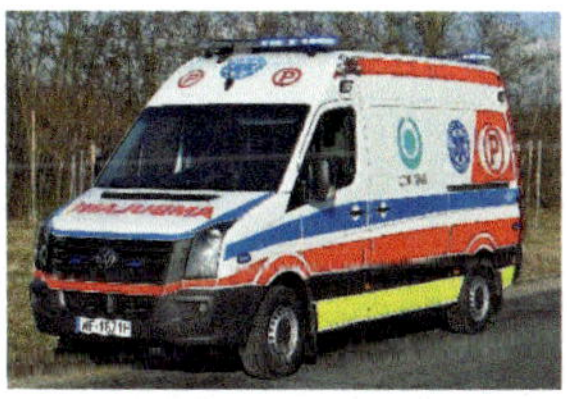

POGOTOWIE: 999

STRAŻ POŻARNA: 998

POLICJA: 997

폴란드에서 일반적으로 알려진 비상 긴급 번호는 112번입니다. 전화기의 종류에 상관없이 이 번호로 전화를 걸면, 교통사고나 화재, 건강과 생명이 위협받는 경우, 도난 등 급작스럽고 위험한 상황에서 도움을 받을 수 있습니다. 골치 아픈 문제가 발생하는 것을 피하려면 항상 조심해야 합니다. 사람들이 붐비는 곳, 버스 안, 상점 등에서는 특히 손가방이나 배낭에 주의를 기울여야 합니다. 신분증이나 신용카드, 현금을 바지 뒷주머니 같은 곳에 한꺼번에 넣어두어서는 안됩니다. 그리고 소지품을 아무렇게나 방치해선 안된다는 것도 명심하세요. 카페처럼 안전해 보이는 공공 장소에서도 잠깐이라도 방심하는 건 금물입니다.

Powszechnie znanym telefonem alarmowym w Polsce jest nr 112. Dzwoniąc pod ten numer z jakiegokolwiek telefonu stacjonarnego lub komórkowego, otrzymamy pomoc w sytuacjach nagłych i niebezpiecznych, takich jak wypadek samochodowy, pożar, zagrożenie zdrowia i życia lub kradzież.

Zawsze należy być ostrożnym, aby uniknąć kłopotów. W tłumie ludzi, w autobusie czy w sklepie warto zwracać szczególną uwagę na torebkę lub plecak. Nie należy nosić dokumentów, kart kredytowych i pieniędzy w jednym miejscu, np. w tylnej kieszeni spodni. Trzeba też pamiętać, żeby nie zostawiać rzeczy bez opieki – nawet na chwilę i nawet, gdy jesteśmy w miejscu publicznym, które wydaje się bezpieczne, np. w kawiarni.

LEKCJA 15

To już umiesz – sprawdź się!

이제 할 수 있어요 – 성취도 점검!

I. Co można wpisać w puste miejsce (______)?

빈칸 (   )에 무엇을 넣으면 될까요?

0. - Skąd jesteś? - Jestem __*a*__.
   a) *z Polski* b) do Polski c) o Polsce

1. Uwielbiam ______________!
   a) moimi polskimi przyjaciółmi
   b) mój polski przyjaciel
   c) moich polskich przyjaciół

2. Nie znam Adama i nie ufam ___.
   a) on b) mu c) go

3. Lubię teatr, ___ rzadko chodzę na spektakle.
   a) więc b) ale c) bo

4. – Haram nigdy nie zmienia zdania, jest _____!
   a) uparty
   b) skromny
   c) towarzyski

5. – To prawda, Haram naprawdę jest ____.
   a) towarzyski jak pies
   b) uparty jak osioł
   c) pracowity jak pszczoła

6. – Czy wszyscy _____ są bardzo oszczędni?
   a) Francuz b) Francuzki
   c) Francuzi

7. – Nie, ________ Francuz jest oszczędny.
   a) nie wszyscy b) nie każdy c) każdy

8. – Polacy są tak ____ mili jak Rosjanie.
   a) jak b) sami c) samo

9. – Moja siostra gotuje ______ mamy.
   a) lepiej niż b) lepiej od c) najlepiej

10. Dzisiaj jest ________ niż wczoraj.
    a) ciepło b) cieplej c) najcieplej

11. Na egzamin trzeba ubrać się elegancko, więc musisz założyć __________.
    a) garnitur i krawat
    b) szpilki i kozaki
    c) adidasy i dresy

12. _________ mało zarabiają.
    a) Od młodego dentysty
    b) Młody dentysta
    c) Młodzi dentyści

13. W mojej łazience mam ______ i umywalkę.

a) wannę b) regał c) windę

14. Mieszkam w akademiku na ______ .

a) drugie piętro
b) trzecim piętrze
c) parter

15. Studiuję na ______ roku polonistyki.

a) drugim b) drugi c) drugie

16. – Na ______ piętrze jest sekretariat?

a) który b) którym c) które

17. – Kiedy jest Dzień Matki?

a) – Dwudziestym szóstym maja.
b) – Dwudziesty szósty maja.
c) – Dwudziestego szóstego maja.

18. Moje urodziny są w ______ .

a) lipiec b) lipca c) lipcu

19. Zwykle ______ się o 6:30.

a) obudziłem się
b) obudzę się
c) budzę się

20. Czy wczoraj ______ do lekarza?

a) idziesz b) pójdziesz c) poszłaś

21. Polska odzyskała niepodległość w 19__ roku.

a) osiemnastego
b) osiemnastym
c) osiemnasty

22. W ___ roku urodziła się twoja mama?

a) którego b) którym c) który

23. Jak długo ______ w Polsce?

a) zamieszkasz b) zamieszkałeś
c) mieszkałeś

24. Hofman wynalazł spinacz do ______ .

a) papier b) papieru c) papierem

25. W 2009 roku ______ maturę i zacząłem studia.

a) skończyłem b) zacząłem
c) zdałem

26. Jeśli będziemy mieli czas, to ______ film.

a) obejrzymy b) obejrzeliśmy
c) oglądamy

27. Moje psy nie______ iść z tobą na spacer.

a) chcieli b) będą chciały
c) będą chcieli

28. Gdybyś zjadła obiad, ______ teraz głodna.

a) nie byłaś b) nie byłabyś
c) nie będziesz

29. ______ wygrać milion złotych!

a) Gdybym b) Byłbym c) Chciałbym

30. Przyjazd jest ______ o 15 minut.

a) opóźniony b) normalny
c) odwołany

31. – Haram, ______ mi pomóc?

a) móc b) może c) mógłbyś

32. Jechałam bez biletu i zapłaciłam ____.

    a) cenę b) karę c) zniżkę

33. Gdańsk leży na ____ Polski.

    a) centrum b) północy
    c) południowej

34. Biblioteka jest ____ tym budynkiem.

    a) w b) obok c) za

35. W Krakowie ____ zwiedzić Wawel.

    a) można robić b) koniecznie
    c) warto

36. ____ krakowskie obwarzanki.

    a) Warto b) Polecam c) Trzeba

37. Proszę, ____ zupę, bo nie ma smaku.

    a) posól b) posoliłaś c) soli

38. Nie, nie ____ na tę ikonę!

    a) kliknij b) klikaj c) klikasz

39. O nie, ____ telefon!

    a) zgubiłam b) zadzwoniłam
    c) skróciłam

40. Do naleśników dodaj pół ____ mleka.

    a) szklanką b) szklanki c) szklanka

41. Muszę kupić ____ masła i kilo mąki.

    a) kostkę b) sztukę c) słoik

42. – Komu dasz ten pierścionek z bursztynem?

    a) – Od mojej siostry.
    b) – Moja siostra.
    c) – Mojej siostrze.

43. – Ile kosztuje dostawa?

    a) – 9 zł. b) – 2 dni. c) – Pocztą.

44. Ta przesyłka ____ aż 5 kilo!

    a) wysyła b) kosztuje c) waży

45. Dziękuję ____ za paczkę z Korei!

    a) wy b) ty c) ci

46. Życzę Wam wszystkiego ____!

    a) szczęśliwego
    b) najlepszego
    c) najszybszego

47. Uczę się polskiego, ____ kocham Polskę!

    a) więc b) gdy c) bo

48. Chcę mieszkać w Polsce, ____ poznać kulturę polską.

    a) żeby b) że c) czy

49. Masz gorączkę, ____ leżeć w łóżku!

    a) powinnyśmy
    b) powinnaś
    c) powinnam

50. Jacek miał ____, ale czuje się dobrze.

    a) receptę
    b) wypadek
    c) uszkodzony

II. Proszę podpisać części ciała na obrazku.

신체 각 부분의 명칭을 쓰세요.

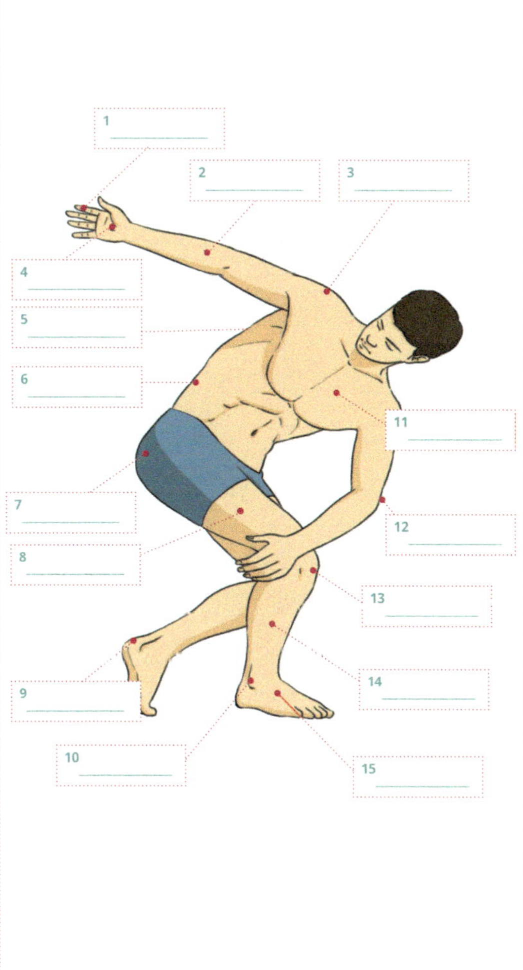

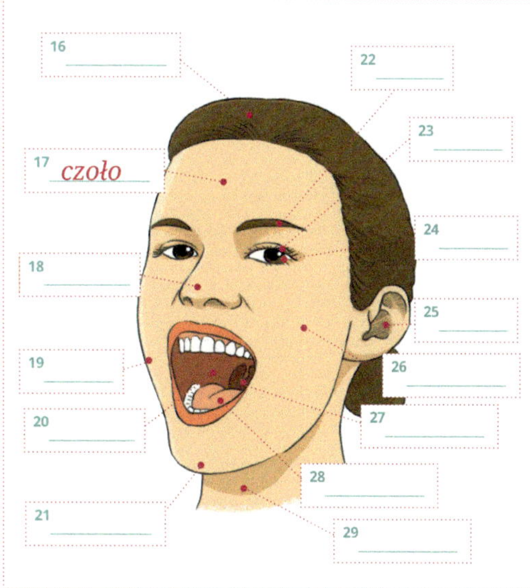

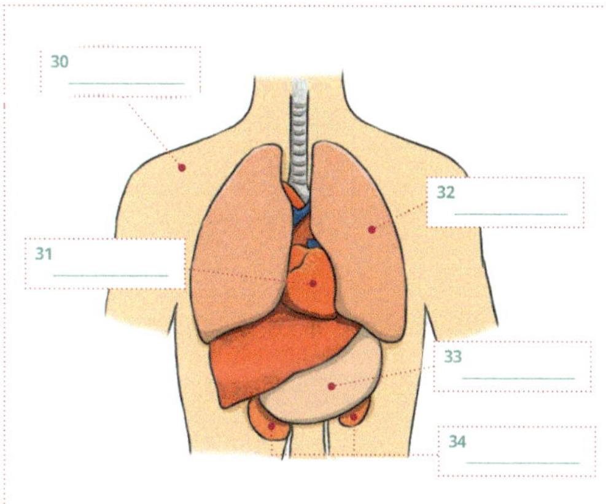

broda	czoło	nos	policzek	szyja	twarz	oczy
uszy	usta	język	brwi	rzęsy	gardło	włosy

łokieć	pośladek	dłonie	ręce	ramię	palce	paznokcie
nogi	plecy	piersi	kolano	kostka	stopa, -y	pięta, -y
talia	udo					

mięsień	nerka	płuca	serce	żołądek

III. Proszę uzupełnić zdania przymiotnikiem lub przysłówkiem w stopniu najwyższym i przeczytać informacje na głos. 주어진 형용사와 부사의 최상급을 사용하여 문장을 완성하고, 전체 문장을 소리 내어 읽어보세요.

KSIĘGA REKORDÓW GUINESSA

długi, ciężki, ~~*duży*~~, wysoka, długo, szybko

- *największy*[0] kotlet schabowy: usmażyli kucharze w Garwolinie – jego średnica to 157 cm!
- ______[1] temperatura w Polsce: 29 lipca 1921 roku w Prószkowie niedaleko Opola, wynosiła 40,2□C!
- ______[2] truskawka w Polsce: ważyła 224g!
- ona biegła ______[3] ! Polka Dagmara Szolc obiegła włoską wyspę Sycylię w 25 dni, 3 godziny i 4 minuty!
- ______[4] piernik w Polsce: upiekli mieszkańcy miasta Jawor – ciasto miało 59,8 m!
- oni ______[5] grillowali: w Poznaniu kucharze zorganizowali ciekawy maraton - przez 3 dni bez przerwy grillowali mięso!

IV. Proszę ułożyć zdania z podanych wyrazów.
주어진 표현을 배열하여 문장을 만드세요.

0. na, **G**odzina, bilecie, odjazdu, jest autobusu.

Godzina odjazdu autobusu jest na bilecie.

1. **P**asażerowie, na, czekali, w, odlotów, samolot, hali.

2. jazdy, **O**d, pociągów, marca, rozkład, zmieni się.

3. są, **P**rzejazdy, terenie, bezpłatne, autobusem, na, lotniska.

4. kolejowym, wejścia, dworcu, **S**potkajmy się, na, koło.

5. Wrocławia, przyjedzie, **A**utobus, do, z opóźnieniem.

V. Proszę zaznaczyć słowo, które nie pasuje.
다음 중 어울리지 않는 단어를 고르세요.

0. koszykówka	piłka nożna	*(tenis)*	siatkówka
1. reżyser	warcaby	film	fabuła
2. teatr	dramat	komedia	zmywarka
3. piłka	lodowisko	boisko	bramka
4. kajak	deska surfingowa	parasol	park linowy
5. w przyszłym roku	za rok	przedwczoraj	pojutrze

VI. Proszę zaznaczyć słowo, które nie pasuje, a następnie wyjaśnić, dlaczego wybrane słowo nie pasuje do pozostałych. 다음 중 어울리지 않는 단어를 고르고, 왜 그런지 이유를 밝히세요.

0. tygrys goryl jeleń ~~*kura*~~

Kura to zwierzę hodowlane, pozostałe to zwierzęta dzikie.

1. owca gęś świnia dzik

2. goryl pingwin żyrafa kot

3. pająk bocian pszczoła komar

4. bocian papuga biedronka gęś

5. dąb klon tulipan sosna

6. azalia sosna hibiskus róża

VII. Proszę podpisać zdjęcia, a następnie przeczytać na głos i przeliterować wyrazy. 사진을 확인하고 동물 이름을 써보세요. 그 다음에 소리 내어 단어의 철자를 읽어보세요.

1. _ _ _ w

2. _ _ _ b _ _

3. g _ _

4. _ y _ _ _ _

5. _ _ ż

6. _ _ _ ą _

7. _ _ i _ _

8. _ _ _ _ ź _ _ _ _ _

9. _ _ _ _ c

10. _ _ _ _ u _

11. _ _ _ _ _ _ ł _

12. _ _ _ _ _ k

13. _ r _ _ _

14. _ _ _

15. _ _ _ _ i _

16. _ _ _ w _ _

VIII. Jakich ludzi Pani/Pan lubi, a jakich nie? Jakich osób Pani/Pan unika, jakich się Pani/Pan boi?

당신은 어떤 사람을 좋아하고, 싫어하나요? 어떤 사람을 무서워하고, 피하나요?

Lubię ludzi, którzy są weseli, unikam ludzi głośnych, cenię ludzi wykształconych, boję się ludzi pewnych siebie...

cenić + B
unikać + D
bać się + D

IX. Proszę opisać te osoby.
그림 속의 인물을 묘사해보세요.

mieć na sobie + B = nosić + B

- Co on ma na sobie?

- On ma na sobie garnitur i białą koszulę.

Myślę, że ta kobieta uprawia sport, bo ma na sobie wygodną, pomarańczową bluzę...

X. Proszę powiedzieć, jaka jest pogoda na tych fotografiach.
사진 속의 날씨가 어떤지 설명해 보세요.

POGODA

Dzisiaj jest...

gorąco / zimno / upalnie / mroźnie

sucho / wilgotno / deszczowo

XI. Proszę porozmawiać z koleżanką/kolegą.
친구와 대화를 나누세요.

1) Jakie polskie święta nie są obchodzone w Korei?
2) Jakie koreańskie święta nie są obchodzone w Polsce?
3) Jak w Korei, a jak w Polsce spędza się:
   a) Boże Narodzenie? b) sylwester i Nowy Rok? c) walentynki? d) Dzień Dziecka?
4) Co jemy i pijemy w święta?

XII. Proszę porozmawiać z koleżanką/kolegą.
친구와 대화를 나누세요.

1) Co zrobiłaś/zrobiłeś w zeszłym tygodniu?
2) Jaki masz plan na ten weekend?
3) Kiedy jest najbliższe święto narodowe? Jaka to data? Co będziesz wtedy robić?
4) Kiedy masz dużo wolnego czasu (w którym miesiącu), a kiedy nie masz czasu i dlaczego?

W zeszłym tygodniu uczyłam
się/nauczyłam się 20 nowych słów...
W ten weekend...
Mam dużo wolnego czasu w maju, bo...

XIII. Proszę popatrzeć na obrazki i opisać pechowy dzień bohaterki.

그림을 보고 주인공의 운이 나쁜 날에 대해 묘사해 주세요.

XIV. Proszę pracować w grupach (3–4 osoby) i zaplanować wyjazd do Polski. Proszę skorzystać z Internetu. 3~4명이 조를 이루어 폴란드에 갈 계획을 세우세요. 인터넷을 이용하세요.

a) proszę poszukać i zarezerwować nocleg (7 dni),

b) proszę napisać maila po polsku do hotelu i zapytać o szczegóły rezerwacji,

c) proszę poszukać i zarezerwować bilet lotniczy do Polski,

d) proszę ułożyć plan wycieczki: wybrać miasta/miejsca do zwiedzenia.

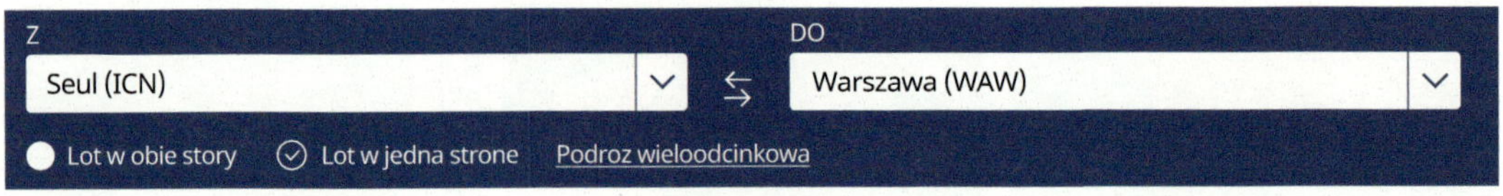

XV. Proszę pracować w grupach (3–4 osoby) i przygotować ogłoszenie pensjonatu lub hotelu, które zamieszczą Państwo na portalu turystycznym w Internecie. 3~4명이 조를 이루어, 인터넷의 여행 사이트에 등록할 숙박업소(펜션, 호텔)에 대한 소개물을 만드세요.

Proszę porozmawiać z koleżankami/kolegami:
- gdzie (w jakim rejonie Korei/Polski) znajduje się to miejsce?
- co można tam robić?
- jaką specjalną ofertę można zaproponować klientom?

Proszę zaprezentować swoją ofertę, a następnie porozmawiać o ofertach innych grup.

Jeżeli chcą państwo zmienić godzinę posiłku, to proszę o informację dzień wcześniej.
Jeśli zapłacą państwo za pięć dni, to otrzymają państwo obiad za darmo.

Pensjonat ____________ zaprasza!

____

____

____

____

____

____

____

____

____

Jeśli wybierzesz nasz pensjonat, to nie będziesz się nudzić!

NOTATKI

부록

문법표 268

연습문제 정답 277

TABELE GRAMATYCZNE (문법표)

1 DEKLIKACJA – RZECZOWNIKI I PRZYMIOTNIKI

rzeczownik l.mn.rodzaj męskoosobowy (남성형 복수명사)

<table>
<tr><th colspan="3">RODZAJ MĘSKOOSOBOWY</th></tr>
<tr><td>Mongoł – Mongołowie
pan – panowie
profesor – profesorowie
ojciec – ojcowie</td><td colspan="2">narodowość, tytuł, rodzina
-owie</td></tr>
<tr><td>Polak – Polacy
Niemiec – Niemcy
aktor – aktorzy
kolega – koledzy</td><td>-k → -cy
-(i)ec → -cy
-r → -rzy
-g → -dzy</td><td>po spółgłoskach: k, g, r
-y</td></tr>
<tr><td>Francuz – Francuzi
Szwed – Szwedzi
Włoch – Włosi
student – studenci
dentysta – dentyści</td><td>-d → -dzi
-ch → -si
-t → -ci
-st → -ści</td><td>po spółgłoskach:
b, d, f, ch, ł, m, n, p, s, t, w, z
-i</td></tr>
<tr><td>piosenkarz – piosenkarze
gość – goście
listonosz – listonosze
Amerykanin – Amerykanie</td><td>-anin → -anie</td><td>Po spółgoskach:
sz, cz, dz, dż, ż, rz, ś, ć, dź, ź, ń, l, j
-e</td></tr>
</table>

l.mn. przymiotników męskoosobowych(남성사람 형용사의 복수형)

<table>
<tr><th rowspan="4">Jacy?</th><th colspan="3">RODZAJ MĘSKOOSOBOWY</th></tr>
<tr><td>towarzyski – towarzyscy
drogi – drodzy
dobry – dobrzy</td><td>-k → - cy
-g → -dzy
-r → - rzy</td><td>po spółgłoskach: k, g, r, c, cz, dz
-y</td></tr>
<tr><td>zamknięty – zamknięci
młody – młodzi
miły – mili
lepszy – lepsi</td><td>-t → -ci
-d → -dzi
-ł → -li
-sz → -si</td><td>-i</td></tr>
<tr><td colspan="3">cudzoziemscy studenci</td></tr>
</table>

DOPEŁNIACZ (ILE?) 소유격 (수/양)

butelka, paczka, puszka, pudełko, kieliszek, kostka, ... + D
→ *butelka sos**u** sojow**ego**, puszka brazylijsk**iej** kaw**y**, kostka polski**ego** masł**a***
sztuka + D → *dziesięć sztuk jaj**ek***
pół, kawałek, kilo (kilogram, 1 kg), litr (1 l) + D → *pół tort**u**, kilo mąk**i**, litr win**a***
pół (+D) kil**o** + D → *pół kil**o** (500 g) mięs**a***
pół (+D) litr**a** + D → *pół litr**a** (500 ml) wod**y***

CELOWNIK (여격)

	PRZYMIOTNIK i RZECZOWNIK					
	l. poj.					
	r. m. -emu -owi		**r. ż. -ej -(i)e/-i = Ms**		**r. n. -emu -u**	
dziękować pomagać opowiadać powiedzieć pomagać służyć wybaczać ufać wierzyć pożyczyć dać/oddać	mił**emu**	Haram**owi** Uwaga! pan**u**, ojc**u**, brat**u**	kochan**ej**	mamie przyjaciółce (k:c) Marcie (t:ci) Oldze (g:dz)	mał**emu**	dziecku
	Dziękuję miłemu Haramowi. Pomagam mojej kochanej mamie. Ojciec opowiada bajkę małemu dziecku.					
	l. mn. -ym/-im -om					
	dobr**ym** drog**im** kochan**ym** mał**ym**	rodzic**om** przyjacioł**om** siostr**om** dzieci**om**				
	Dzieci ufają kochanym rodzicom.					
	ZAIMEK OSOBOWY					
	ja: **mnie/mi** ty: **tobie/ci**	on: **jemu/mu/niemu** ona: **jej/niej** ono: **jemu/mu/niemu**	my: **nam** wy: **wam** oni/one: **im/nim**			
	Daj mi to! Mnie się to nie podoba. Pożyczę ci. Pomóżmy mu.					

ODMIANA RZECZOWNIKÓW R. M. NA –A - A로 끝나는 남성 사람명사의 변화형

ODMIANA RZECZOWNIKÓW r. m. zakończonych na –A - A로 끝나는 남성 사람명사의 변화형		
M	artysta, kierowca	artyści, kierowcy s:ś, t:ci
D	artysty, kierowcy	artystów, kierowców
C	artyście, kierowcy s:ś, t:ci	artystom, kierowcom
B	artystę, kierowcę	artystów, kierowców
N	artystą, kierowcą	artystami, kierowcami
Ms	artyście, kierowcy s:ś, t:ci	artystach, kierowcach
W	artysto! kierowco!	artyści! kierowcy! s:ś, t:ci
artysta, poeta, pianista, dentysta, dyplomata, terapeuta, kierowca, sprzedawca		

2 LICZEBNIKI PORZĄDKOWE 서수

M	pierwszy	pierwszy	pierwsza	pierwsze = **B, W**
D	pierwszego	pierwszego	pierwszej = **Ms, C**	pierwszego
C	pierwszemu	pierwszemu	pierwszej	pierwszemu
B	pierwszego	pierwszy	pierwszą = **N**	pierwsze
N	pierwszym	pierwszym	pierwszą	pierwszym
Ms	pierwszym	pierwszym	pierwszej	pierwszym
W	pierwszy	pierwszy	pierwsza	pierwsze